ŒUVRES COMPLÈTES

D'ALEXANDRE DUMAS

L'ARABIE HEUREUSE

III

ŒUVRES COMPLETES D'ALEXANDRE DUMAS
PUBLIÉES DANS LA COLLECTION MICHEL LÉVY

Acté	1
Amaury	1
Ange Pitou	2
Ascanio	1
Une Aventure d'amour	1
Aventures de John Davys	2
Les Baleiniers	2
Le Bâtard de Mauléon	3
Black	1
Les Blancs et les Bleus	3
La Bouillie de la comtesse Berthe	1
La Boule de neige	1
Bric-à-Brac	1
Un Cadet de famille	3
Le Capitaine Pamphile	1
Le Capitaine Paul	1
Le Capitaine Rhino	1
Le Capitaine Richard	1
Catherine Blum	1
Causeries	2
Cécile	1
Charles le Téméraire	2
Le Chasseur de Sauvagine	1
Le Château d'Eppstein	2
Le Chevalier d'Harmental	2
Le Chevalier de Maison-Rouge	2
Le Collier de la reine	3
La Colombe. — Maître Adam le Calabrais	1
Les Compagnons de Jéhu	3
Le Comte de Monte-Cristo	6
La Comtesse de Charny	6
La Comtesse de Salisbury	2
Les Confessions de la marquise	2
Conscience l'Innocent	1
Création et Rédemption. — Le Docteur mystérieux	2
— La Fille du Marquis	1
La Dame de Monsoreau	3
La Dame de Volupté	2
Les Deux Diane	3
Les Deux Reines	2
Dieu dispose	1
Le Drame de 93	3
Les Drames de la mer	1
Les Drames galants. — La Marquise d'Escoman	2
Emma Lyonna	5
La Femme au collier de velours	1
Fernande	1
Une Fille du régent	1
Filles, Lorettes et Courtisanes	1
Le Fils du forçat	1
Les Frères corses	1
Gabriel Lambert	1
Les Garibaldiens	1
Gaule et France	1
Georges	1
Un Gil Blas en Californie	1
Les Grands Hommes en robe de chambre: César	2
— Henri IV, Louis XIII, Richelieu	2
La Guerre des femmes	2
Hist. de mes bêtes	1
Histoire d'un casse-noisette	1
L'Homme aux contes	1
Les Hommes de fer	1
L'Horoscope	1
L'Ile de Feu	2
Impressions de voyage: En Suisse	3
— Une Année à Florence	1
— L'Arabie Heureuse	3
— Les Bords du Rhin	2
— Le Capit. Arena	1
— Le Caucase	3
— Le Corricolo	2
— Le Midi de la France	2
— De Paris à Cadix	2
— Quinze jours au Sinaï	1
— En Russie	4
— Le Speronare	2
— Le Véloce	2
— La Villa Palmieri	1
Ingénue	2
Isaac Laquedem	2
Isabel de Bavière	2
Italiens et Flamands	2
Ivanhoe de Walter Scott (traduction)	2
Jacques Ortis	1
Jacquot sans Oreilles	1
Jane	1
Jehanne la Pucelle	1
Louis XIV et son Siècle	4
Louis XV et sa Cour	3
Louis XVI et la Révolution	2
Les Louves de Machecoul	3
Madame de Chamblay	2
La Maison de glace	2
Le Maître d'armes	1
Les Mariages du père Olifus	1
Les Médicis	1
Mes Mémoires	10
Mémoires de Garibaldi	2
Mém. d'une aveugle	2
Mémoires d'un médecin : Balsamo	5
Le Meneur de loups	1
Les Mille et un Fantômes	1
Les Mohicans de Paris	4
Les Morts vont vite	2
Napoléon	1
Une Nuit à Florence	1
Olympe de Clèves	3
Le Page du duc de Savoie	2
Parisiens et Provinciaux	2
Le Pasteur d'Ashbourn	2
Pauline et Pascal Bruno	1
Un Pays inconnu	1
Le Père Gigogne	1
Le Père la Ruine	1
Le Prince des Voleurs	1
Princesse de Monaco	2
La Princesse Flora	1
Propos d'Art et de Cuisine	1
Les Quarante-Cinq	3
La Régence	1
La Reine Margot	2
Robin Hood le Proscrit	2
La Route de Varennes	1
Le Saltéador	1
Salvator (suite des Mohicans de Paris)	5
La San-Felice	4
Souvenirs d'Antony	1
Souvenirs dramatiques	2
Souvenirs d'une Favorite	4
Les Stuarts	1
Sultanetta	1
Sylvandire	1
Terreur prussienne	2
Le Testament de M. Chauvelin	1
Théâtre complet	25
Trois Maîtres	1
Les Trois Mousquetaires	2
Le Trou de l'enfer	1
La Tulipe noire	1
Le Vicomte de Bragelonne	1
La Vie au Désert	6
Une Vie d'artiste	1
Vingt Ans après	3

L'ARABIE HEUREUSE

SOUVENIRS DE VOYAGES EN AFRIQUE ET EN ASIE

PAR

HADJI-ABD-EL-HAMID BEY

PUBLIÉS PAR

ALEXANDRE DUMAS

III

PARIS
CALMANN LÉVY, ÉDITEUR
ANCIENNE MAISON MICHEL LÉVY FRÈRES
3, RUE AUBER, 3

1892

Droits de reproduction et de traduction réservés.

L'ARABIE HEUREUSE

I

Il me restait donc à partir. J'écrivis au chérif. Je fais, comme toujours, grâce du préambule.

« Seigneur,

» Ma santé s'altère, le climat m'accable. Je perds tout espoir de me guérir si je demeure plus longtemps dans l'Yémen. Dieu a permis que ma santé se soutînt pendant tout le temps que j'ai pu t'être utile. La certitude de la paix m'enhardit à te demander mon congé. Venu dans ton pays avec l'intention de m'y arrêter quelques jours seulement, j'y suis resté plus d'une année. Tu le désirais, je dus obéir. J'étais parti pour Bagdad, laisse-moi continuer mon voyage.

» Que le salut soit avec toi ainsi que la bénédiction du Très-Haut.

» HADJI ABD'EL-HAMID BEY. »

Je scellai la lettre, la cachetai, et la remis à Yachya, qui la porta immédiatement au chérif. Je n'eus aucune réponse ce soir-là. Le même soir, le jeune Hussein vint me voir, mais sans me dire un seul mot de ma lettre. Il parla, au contraire, de mon alliance avec sa famille comme d'une chose dont chacun conservait l'espoir.

Dans la nuit, Hafza se plaignit d'être indisposée. Si légère que fût son indisposition, j'en conçus une vive alarme. Elle n'avait pas voulu m'empoisonner, elle n'avait pas voulu me quitter. N'aurait-on pas trouvé un moyen de me séparer d'elle et de la punir en même temps? La pauvre enfant avait des douleurs d'entrailles. La traiter moi-même était chose délicate.

Cependant je ne me fiais à aucun des charlatans de l'Yémen. Je fis appeler une espèce de sage-femme qui avait quelque connaissance des simples. Elle l'examina, l'interrogea, la palpa, et me dit que la malade avait le ténia.

Les Abyssins, on le sait, sont fort sujets à cette maladie, qu'ils appellent le *serpent du corps*.

En Abyssinie, la nature a mis le remède près du mal. Le pays produit le *cosso*. J'en cherchai de tous côtés, j'en demandai partout. Il n'y en avait point à Abou-Arich. J'essayai de remplacer le cosso par la seconde écorce de la racine du grenadier. Mais ce remède est loin d'être aussi efficace que le premier. Les souffrances de Hafza augmentaient cruellement. A mon avis, la maladie descendait une pente plus rapide et plus douloureuse que la voie ordinaire. Mon soupçon était peut-être injuste, mais elle-même se sentait mourir et me le disait. Elle était convaincue, ainsi que moi, qu'elle était empoisonnée.

Je lui donnai tout ce que l'on donne en ce cas, de l'huile, du lait, des blancs d'œufs battus. Tout

fut inutile. De temps en temps elle me disait :
— C'est Alima.

La maladie dura deux jours. Vers la fin du second jour, elle me fit ses adieux, me demandant pardon s'il lui était jamais arrivé de me déplaire ou de me désobéir. Je pleurais comme un enfant. Ses dernières paroles furent des recommandations. Elle me recommandait de veiller sur moi, de ne me fier qu'à Sélim et qu'à une de mes négresses nommée Saïda, qui me servait de chambrière.

— Prends garde, me répétait-elle sans cesse, prends garde, on m'a tuée parce que l'on sait que je t'aime.

Il n'est point d'usage que les hommes restent dans l'appartement où meurent les femmes. Puis j'étais désespéré. Je dis un dernier adieu à Hafza, et je sortis. Une demi-heure après, elle mourut dans les bras de Saïda. On vint m'annoncer cette nouvelle dans le jardin du Postan.

Je m'empressai de rentrer. Je n'avais pu la voir mourir : je voulais du moins la voir morte. Sur mon chemin, je rencontrai Yachya.

En France, et rencontrant un Français, je me fusse jeté dans ses bras en pleurant et en lui disant :

— Plaignez-moi !

Mais en Arabie, mais entre musulmans, on serait déshonoré de pleurer une femme, à plus forte raison une esclave. Et cependant cela m'eût bien soulagé de pleurer.

— Eh bien ? lui demandai-je.

— Eh bien, dit-il, j'ai remis ta lettre au chérif qui l'a lue, posée dans sa ceinture, et n'a pas fait la plus petite réflexion. T'a-t-il écrit ?

— Non, répondis-je.

— Alors il t'écrira ou t'enverra chercher.

— Il fera bien, car avant d'avoir reçu une réponse je n'irai pas.

— Tu aurais tort, me dit Yachya.

Je haussai les épaules. Dans la disposition d'esprit où j'étais, tout m'était indifférent ; j'eusse accepté un danger avec joie. Un danger faisait distraction à ma douleur.

— Il est le chef, après tout, me dit-il.

— Oui, sans doute, mais il n'est qu'un homme.

— Cette fois, je ne puis être de ton avis, et tu es un entêté.

— C'est un parti pris, Yachya ; il est donc inutile d'en parler.

Yachya voyait ma profonde tristesse. Il en comprit la cause, et, rompant le premier la conversation :

— Ne comptes-tu pas sortir un instant pour te distraire ?

— Non !

— Sortons ensemble.

— Merci !

— Qu'as-tu donc ?

— Rien, je suis mal à mon aise, je souffre.

Yachya vit qu'il n'y avait rien de bon à tirer de moi pour le moment, et se retira.

La nuit vint. Hafza était morte vers les trois heures de l'après-midi. On devait l'enterrer le lendemain matin de très-bonne heure. Je chargeai Sélim de tous les détails funèbres. Puis je rentrai dans ma chambre, où je reçus quelques visites de personnes de la ville.

Il était évident que les visiteurs connaissaient la mort d'Hafza et venaient pour me distraire.

A dix heures, je me retrouvai seul.

Près de la pauvre Hafza étaient restées quelques femmes qui priaient. Les hommes récitaient des chapitres du Coran. Le lendemain matin, au lever du soleil, les porteurs arrivèrent. Les cadavres se portent sur une civière et enveloppés d'un linceul. On porta Hafza à la mosquée.

Les personnes qui rencontrent les porteurs d'un mort les remplacent pendant quelques instants, puis rendent le brancard à celui qui en soutenait le poids.

L'imam récita quelques prières. Les prières terminées, nous reprîmes notre marche vers le cimetière. Les fosses sont peu profondes. On enterre les morts la tête tournée vers la Mecque. Au-dessus de leur visage, on pratique, nous l'avons déjà dit, je crois, une voûte en briques ou en dalles. C'est pour que le cadavre puisse respirer s'il n'était pas mort.

Ces sortes de résurrections arrivent quelquefois en Orient, où l'on enterre les morts presque aussitôt que la vie est éteinte en eux. Il est vrai que les cimetières étant ouverts à tous les vents et sans muraille aucune, dès la nuit qui suit l'enterrement, les chacals et les hyènes font leur œuvre.

J'accompagnai le corps de la pauvre enfant qui me précédait dans ce monde inconnu qu'on appelle la mort, probablement pour m'avoir trop aimé.

Je trouvai en rentrant chez moi Yachya et Abd'el-Mélek. Le chérif leur avait parlé de ma lettre. Il était, à les en croire, désespéré de ma résolution.

— N'avez-vous pas insisté comme je vous en avais priés, leur dis-je, sur l'influence fatale du climat.

— Oui, dit Yachya. Mais le chérif a répondu : Si l'air d'Abou-Arich lui est mauvais, qu'il choisisse dans le Théama telle résidence qui lui conviendra, mais qu'il reste mon homme, mais qu'il ne sorte point de mes États.

— Alors, dis-je à Yachya, ta visite est une visite officielle.

— Oui !

— Tu es chargé par le chérif de me faire cette ouverture?

— Par lui-même.

— Eh bien! officiellement, dis-lui, mon cher Yachya, que ma décision est irrévocable, et que j'ai la conviction profonde que, dans la situation qui m'est faite, si je prolongeais mon séjour, le chérif n'aurait que du regret de cette prolongation. On m'en veut, j'ai des ennemis, et tu sais, Yachya, ce que c'est qu'une haine d'Orient. J'y laisserais mes os, et, ma foi! je suis jeune, j'ai trente et un ans, je veux encore vivre.

— Et le Hadji a raison, dit Abd'el-Mélek.

Yachya alla porter ma réponse au chérif.

— Tu sais, me dit Abd'el-Mélek, que si tu as besoin d'une bourse pour partir, d'une lance pour t'escorter, je suis là.

Puis s'adressant à Sélim :

— Tu as vu, Sélim, ce qui vient d'arriver à la pauvre Hafza. Prends garde! mon cher ami, qu'il ne t'en arrive autant.

Sélim fit le rodomont.

— Bon, dit-il, j'en ai vu bien d'autres, et toutes les femmes du chérif, au lieu d'être des femmes, fussent-elles des démons, je n'en aurais pas plus peur que de cela.

Et il fit claquer ses doigts.

— Maintenant, me dit Abd'el-Mélek, je doute que le chérif te laisse partir ainsi, ne fût-ce que pour couvrir ton départ d'un motif plausible.

— En tout cas, répondis-je, mes préparatifs sont faits, et dans huit jours je ne serai plus ici.

— Prendras-tu la voie de terre ou celle de mer?

— Je ne sais encore, lui répondis-je.

J'avais la plus grande confiance dans le cœur d'Abd'el-Mélek, mais il était jeune et pouvait être indiscret. Avec le chérif, je savais qu'il faudrait m'ouvrir davantage, mais je savais aussi que, m'ouvrant avec lui, ce que je lui dirais serait sous la sauvegarde de son honneur. Le chérif était un de ces hommes avec lesquels on ne saurait jamais être trop confiant.

Resté seul avec Sélim, je pris toutes mes dispositions de départ. Ce n'était pas dans les huit jours que je comptais partir, la chose une fois décidée avec le chérif, c'était dans les vingt-quatre heures. Je donnai l'ordre à Sélim de tout emballer, sauf la chambre de réception, qu'il fallait laisser toujours la même pour que l'on ne se doutât de rien.

— Est-ce que nous fuyons? me demanda Sélim, plus humilié qu'inquiet.

— Non, lui dis-je, sois tranquille, nous sortirons d'Abou-Arich la tête haute et comme nous y sommes entrés.

Dans l'après-midi, le chérif me fit prier de passer chez lui.

Je m'y rendis un peu avant la prière du soir. Il était avec Sidi-Ahmed. Leur conversation s'arrêta dès que je parus.

— Ah! c'est toi enfin, Hadji, me dit le chérif, tu ne t'es pas pressé de venir.

— Etais-tu davantage pressé de me répondre?

— J'en ai été empêché, mais je t'ai envoyé Yachya.

— Quelque confiance que l'on ait dans le serviteur, il y a des choses qu'on ne peut dire qu'au maître.

Ahmed se retira par déférence. Mais il était évident qu'il eût mieux aimé rester.

Le chérif, de son côté, enchanté de se débarrasser d'un témoin gênant, ne le retint pas. Lorsque Sidi-Ahmed se fut éloigné, il donna l'ordre à ses eunuques de ne plus laisser entrer personne, pas même Yachya.

— Ne t'étonne point de toutes ces précautions, Hadji; mais, je n'y comprends rien, malgré toutes les précautions que je prends, tout ce qui se dit et se fait ici est su des gens qui surtout ne devraient pas le savoir.

Puis, avec un désespoir qui ne manquait point d'un côté comique à notre point de vue européen :

— Oh! les femmes, les femmes! dit-il, je ne m'étonne pas que le genre humain ait été perdu par les femmes... Voyons, revenons à nos affaires. Tu m'as écrit une lettre dans laquelle tu m'annonces ton départ.

— Oui, séïd.

— Pourquoi veux-tu partir?

— Ne me suis-je pas suffisamment expliqué dans ma lettre?

— Non, car tu ne me dis pas la véritable cause de ton départ. Tu prends pour prétexte ta santé.

— Ma santé est en effet un des motifs qui me forcent de partir.

— Mais ce n'est pas le seul. Tu refuses donc les propositions que je t'ai faites?

— Elles sont si belles, séïd, qu'elles en deviennent inacceptables.

— Voyons, ne me quitte point tout à fait; retire-toi pendant quelque temps à Tâës ou à Moka; je ne puis me décider à te laisser partir.

— Séïd, lui dis-je, tu as vu passer et tu vois passer tous les ans les bandes d'oiseaux voyageurs. Quand l'heure de leur départ a sonné, rien ne saurait les retenir. Il en est de même de moi, le vent me pousse loin de toi, et je pars.

— Laisse-moi au moins quelques jours de réflexion.

— Dans ces sortes de choses, séïd, c'est l'instinct qu'il faut consulter, et non la réflexion. Me retenir davantage serait me prouver que tu n'as pour moi aucune espèce d'amitié, que je n'ai été pour toi qu'un instrument que tu eusses voulu user, et que tu ne retiens que dans la crainte de le livrer à d'autres.

Ces paroles firent sur lui une vive impression. Il y eut un moment où son visage parut hésiter entre la colère et la dissimulation.

— Ce que tu me dis là, répliqua-t-il, me fait beaucoup de peine. Il ne m'est plus possible de te dissimuler les luttes que j'ai eu à soutenir à ton endroit. Quoique tout puissant, je ne le suis pas assez pour résister à cet enchevêtrement d'intrigues qui m'entoure, car il a ses racines jusque dans ma propre vie. C'est une mauvaise herbe que je ne puis arracher. En restant, tu m'y eusses aidé peut-être; en partant, tu ne me quittes pas, tu m'abandonnes.

— Il est impossible que je reste davantage.

— Alors, dit le chérif avec un soupir, s'il n'y a pas moyen, pars, mais rappelle-toi que c'est malgré moi;

retarde ton départ tant que tu pourras, c'est maintenant tout ce que je te demande.

— Je partirai demain, séïd.

— A quelle heure?

— A celle que tu fixeras toi-même.

— Après le coucher du soleil?

Je m'inclinai.

— Quelle direction suivras-tu? La voie de mer, celle de la plaine ou celle des montagnes? Pour l'une comme pour l'autre, tous mes moyens sont à ta disposition; tous mes gouverneurs seront à tes ordres. S'il te manque la moindre chose, s'il t'arrive le moindre accident, leur tête m'en répondra.

— Je pars par la voie des montagnes; c'est une partie de tes États que je n'ai pas vue.

— C'est la voie la plus agréable; à chaque instant, sur ta route, tu trouveras des villages et des champs cultivés; mais c'est aussi la plus fatigante. Au reste, mon fils et mon neveu t'accompagneront jusqu'à Moka.

— Oh! lui dis-je, c'est inutile.

— Je ne suis pas de ton avis, c'est nécessaire; tu ne ferais pas dix lieues sans être assassiné; rappelle-toi ce qu'a dit Hadji-Soliman.

— Hadji-Soliman est parti.

— C'est-à-dire qu'il n'est plus à Abou-Arich, mais il peut être ailleurs.

— Eh bien! j'accepte, séïd.

En effet, la présence d'Abd'el-Mélek compensait pour moi ce qu'avait de désagréable celle du jeune Husseïn.

— Maintenant, ajouta le chérif, une fois rendu à Moka, que comptes-tu faire?

— Je n'en ai aucune idée.

— Mon frère Heïder t'y recevra comme je t'y recevrais moi-même; tu y resteras tout le temps que tu voudras; Dieu veuille que tu changes d'idée et t'y établisses.

Je ne répondis pas à l'invitation.

— Je partirai, lui dis-je; mais auparavant je désire une chose.

— Dis laquelle.

— Je t'ai écrit; réponds à ma lettre, afin que ta lettre me serve de firman; je ne veux pas que l'on croie que je m'enfuis comme un voleur.

— Tu auras la lettre demain matin; je vais donner ordre pour que tout ce qui est nécessaire à la formation de ta caravane soit préparé pour huit heures du soir. Yachya réglera avec toi toutes les affaires d'argent. Si tu as le plus petit besoin de quoi que ce soit, ne te gêne pas. Ce qui est à moi est à toi; au reste, je te l'ai déjà dit, cela regarde Yachya.

Je m'inclinai pour prendre congé du chérif.

— Ne restes-tu pas à dîner avec moi? me demanda-t-il.

— Merci, mais tu comprendras facilement que j'ai une foule de choses à terminer encore.

— Retarde ton départ d'un jour.

— Une décision prise est prise, séïd; je partirai demain.

Il insista.

— Je dînerai avec toi, séïd, lui dis-je.

Je restai en effet. Mais j'eus le soin, pendant le

dîner, de ne manger que du même plat que lui. Sans doute il comprit ma défiance et ne la crut point exagérée, car il me servit lui-même. Après le dîner je me retirai. En me quittant, il me dit non pas adieu, mais au revoir.

Le lendemain, j'eus la visite de Yachya. Il m'apportait des provisions de bouche, la réponse du chérif, à laquelle, cette fois, il avait eu le soin de ne pas oublier de mettre son cachet, et un sac d'or. J'avais du monde près de moi. Yachya me fit signe. Je passai dans la chambre à côté.

— Hadji, me dit-il, le chérif était en retard avec toi pour tes appointements. Il a compris ta délicatesse à ne pas les lui demander. Voilà ce qu'il me charge de te donner *pour boire le café* le long de la route jusqu'à Moka.

C'est le terme dont les Arabes se servent pour colorer un don. En même temps, il me remettait une lettre cachetée pour le gouverneur de Moka.

— Tu remettras, ajouta Yachya, cette lettre à Heïder; elle contient les ordres de son frère.

Je pris la bourse et la pesai.

— C'est beaucoup, lui dis-je, et le chérif ne me doit pas cela.

— Le chérif, au contraire, craignait que tu ne trouvasses que c'était trop peu.

— Sais-tu ce que contient la lettre adressée au chérif Heïder?

— Non. Mais je suppose qu'ayant à faire une route longue et dangereuse, le chérif t'en facilite les moyens. Au reste, le chérif te fait prier de lui abandonner certaines choses dont, après ton départ, il pourrait avoir besoin.

— Tout ce que j'ai est à lui; qu'il me désigne seulement les objets qui peuvent lui être agréables.

— C'est une trousse de chirurgie, un thermomètre, une boussole et une lunette d'approche.

Je remis à l'instant même ces différents objets à Yachya, en y joignant un beau fusil à deux coups monté en argent, plusieurs rames de papier et un petit baromètre. Toutes ces choses, qui n'avaient pas un grand prix pour moi, étaient inestimables pour le chérif.

A midi, les caravaniers vinrent me demander l'heure précise à laquelle ils pouvaient venir charger mes bagages. C'était toujours la voie de la montagne que l'on devait prendre. Les caravaniers désiraient prendre l'avance. Toutes leurs provisions étaient prêtes; ils n'attendaient plus que mon ordre. Je leur dis qu'ils pouvaient charger quand ils voudraient, pourvu qu'ils nous attendissent à Sâad. Comme c'étaient des gens au service du chérif Hussein, je ne courais aucun danger.

D'un autre côté, me séparer de mon bagage était témoigner toute ma confiance envers le chérif. Ils chargèrent à l'instant même, et, une demi-heure après, on m'annonça qu'ils partaient. Dans l'intervalle, je reçus la visite des notables d'Abou-Arich. Selon l'usage, ils venaient me faire leurs adieux et m'exprimer leur étonnement. L'état de ma santé me fournit une excuse.

Je fis mon courrier pour la Mecque, afin de prévenir mes amis de mon départ et leur donner les moyens de correspondre avec moi. Ils devaient m'écrire à

Mascate, chez un nommé Seïd-Ben-Calfen. C'était un Arabe de la famille de l'imam, presque Européen, ayant été longtemps en Angleterre et parlant anglais comme un Anglais, — de plus, franc-maçon, — mais ivrogne, ivrogne dans l'âme. J'en dis quelques mots, attendu que nous le retrouverons plus tard et qu'il jouera un certain rôle dans mes relations avec l'imam de Mascate.

Au moment de partir, je partageai entre mes meilleurs amis mes esclaves et mes armes. Je donnai mes deux eunuques à Abd'el-Mélek. Je ne gardai que Sélim, Mohammed et Saïda. Yachya eut l'autre. Le procédé les charma. Un autre eût vendu ce que je donnais.

A huit heures moins un quart, le chérif et sa famille arrivèrent. Il mit pied à terre à ma porte et monta chez moi. J'étais prêt. Je le reçus sur ma terrasse. Puis après un instant nous descendîmes et montâmes à cheval. Plusieurs courtisans du chérif grossirent notre cortège. Yachya et son âne étaient du nombre.

Le chérif m'accompagna à plus d'une demi-lieue.

Là il me fit ses adieux, toujours en me disant qu'il espérait me revoir un jour. Il m'embrassa. J'avoue que je le regrettais profondément. Yachya pleurait. Le chérif et moi en eussions fait autant que Yachya, sans le décorum que nous imposaient les assistants. En me donnant une dernière fois sa main :

— N'oublie pas de m'écrire, me dit-il. Mon fils et mon neveu sont responsables de toi. A Moka, c'est à mon frère à en répondre. Adieu, sois heureux, Hadji, et n'oublie jamais que, si tu n'es pas mon fils, c'est que tu as refusé de l'être!

Nous récitâmes d'une voix commune le fatha. Et, mettant son cheval au galop, comme pour échapper à son émotion, il reprit sans se retourner le chemin de la ville.

Yachya de son côté avait complétement perdu la tête. Il ne savait pas s'il devait me suivre ou s'en retourner avec le chérif. Enfin il se décida. Il prit avec son âne la route que le chérif suivait avec son cheval. C'était un excellent homme que ce pauvre Yachya. Je ne sais ce qu'il est devenu.

Quant à moi, ma route était toute tracée, et, tandis que le chérif tournait vers Abou-Arich, je marchais vers Sâad, où m'attendait ma caravane.

II

Mon intention, en quittant Abou-Arich, avait d'abord été de me rendre à Hodeïda, que je n'avais pas encore vue. Mais nous étions à cette époque de l'année où l'*azieb*, c'est-à-dire le vent du sud-est, accourt de la mer des Indes avec une violence terrible, s'engouffre dans le détroit de Bab-el-Mandeb, et souffle sur la mer Rouge, entre la chaîne lybique et la chaîne arabique.

Il était donc impossible, surtout avec les petits bâtiments du pays, de naviguer au sud. Puis, je ne connaissais, je crois l'avoir déjà dit, ni la curieuse ville de Sâad, ni tout le pays des montagnes compris entre le 18° et le 13° degré de latitude, c'est-à-dire depuis Sâad jusqu'à Moka. Peut-être d'ailleurs, dans mon esprit, une fois arrivé à Moka, ferais-je une pointe vers le nord-est ou l'est, c'est-à-dire vers Mareb ou Mascate.

Ceux qui prendront la peine de me suivre sur la carte trouveront que je prenais le plus long en passant par Sâad; mais, dans un pays comme l'Arabie, où il n'y a pas de routes, mais seulement des chemins qui se tracent à force d'être suivis par les caravanes ou creusés par les torrents, on ne regarde pas à cent lieues de plus ou de moins. D'ailleurs, pour les Arabes, le temps et la dépense n'existent pas. Ils vivent pour rien et ne sont jamais pressés que s'ils marchent cependant pour affaire lucrative.

J'étais devenu Aarabe. Je ne voyageais pas pour affaires, mais par curiosité et pour mon plaisir. J'avais trente ans, environ quatre-vingt mille francs avec moi, convertis en valeurs sur les banians de Mascate et les Arméniens de Bassora; je savais qu'à mon arrivée à Moka, grâce aux lettres du chérif ie ne manquerais de rien. Quant à la route, si longue qu'elle fût, les frais en étaient faits, et par les usages de l'Arabie, et par la présence des deux princes qui m'accompagnaient, et surtout par mes connaissances médicales, qui, si peu profondes qu'elles fussent en Europe, suffisaient pour faire de moi, en Orient, un important personnage.

Abd'el-Mélek notamment, par ses chasses aventureuses, par ses excursions lointaines dans les montagnes, par sa réputation de courage, celle de toutes les réputations qui se répand le plus vite et le plus avantageusement en Arabie, Abd'el-Mélek était un compagnon précieux. Le fils du chérif complétait par la crainte ce qu'Abd'el-Mélek commençait par l'enthousiasme. Nous avions trente lieues à faire avant d'arriver à Sâad ; c'était une affaire de trois jours seulement, grâce à nos excellents chevaux. Chaque soir, nous nous arrêtions près de tentes d'Arabes agriculteurs qui, jusqu'au pays de Belêd-Amr, faisaient partie des sujets du chérif Husseïn.

Le pays de Belêd-Amr, sans lui être soumis matériellement, lui obéissait, dans la crainte de ses armes. Son influence s'étendait donc jusqu'aux limites de l'imamat de Sâad. Là commençait une autre puissance, plutôt morale que matérielle. Sâad est considérée comme une ville sainte. Elle renferme en effet le tombeau de l'imam Hadie, descendant de Mahomet. Hadie est un saint extrêmement vénéré dans la montagne, qui ne suit plus le rit des quatre sectes orthodoxes, mais celle des *Zeïdiyé*. En outre, selon les Arabes, le tombeau de Job, qu'ils reconnaissent comme un de leurs patriarches les plus importants, est situé à trois lieues est de celui de l'imam Hadie.

De plus, Sâad est une grande, ancienne et belle ville de la même époque, et même, prétendent quelques savants, antérieure à la Mecque. Elle est entourée d'un mur percé de trois portes : *Bab-Hadie*, *Bad-Mansour* et *Bab-el-Kassr* (porte de Hadie, porte de Mansour et porte du château). Cette dernière, comme l'indique son nom, conduit à une forteresse imposante, pour le pays, bien entendu. Elle possède plusieurs mosquées, qui toutes le cèdent à celle qui renferme le corps de l'imam.

Vers le soir, nous y fîmes notre entrée. C'était le 23 janvier 1844. Comme toujours, un des domestiques du chérif Husseïn nous avait devancés, et l'imam était venu nous recevoir à un quart de lieue en avant de la porte de Hadie. Je restai un jour à Sâad. C'était tout ce qu'il me fallait pour juger de son importance. Je constatai, autant qu'il est possible de le faire dans une ville arabe, une population de 25,000 habitants. Elle est le chef-lieu de Sahan, pays de collines, rapportant d'excellents fruits et surtout du raisin. Quatre ou cinq mines de fer, renfermées dans ses limites, pourraient être d'une certaine valeur, exploitées par d'autres que par des Arabes.

Les habitants du pays se reconnaissent facilement dans tout le Théama, étant les seuls qui portent leurs cheveux dans toute leur longueur. En outre, au lieu d'établir, comme les hommes du Théama, des rapports commerciaux avec les étrangers, ils ne communiquent qu'avec une répugnance visible. Leur isolement fait leur langage plus pur que celui du Théama corrompu par le contact avec les Turcs, les Juifs, les Égyptiens et les Francs.

Les mœurs de Sâad et de son district diffèrent en outre des autres villes de l'Arabie, où les jeunes filles se marient de neuf à dix ans. Chez les Sâadites, elles ne se marient qu'à quinze. Peu d'habitants ont les quatre femmes permises par le Coran. Beaucoup n'en ont qu'une seule. Leur sobriété est proverbiale ; on lui attribue la longévité dont jouissent plusieurs de leurs vieillards. Les imams qui les gouvernent descendent de l'imam Hadie, où prennent d'ailleurs leur origine plusieurs cheiks et imams de l'Yémen, tels que, par exemple, l'imam de Sana et le cheik de Kohlan.

Immédiatement après être sortis de Sâad et de son territoire, nous arrivâmes aux limites d'un désert qu'on appelle le désert d'Amasia. Ce désert est un pays de dunes mobiles que le vent transporte d'un endroit à un autre, selon qu'il est de l'est ou de l'ouest. Il met en communication le Théama avec le pays des Haschid-Békil, c'est-à-dire avec les Suisses et les Tyroliens de l'Arabie, lesquels se louent aux différents princes importants de l'Asie, et ne font entre eux d'autre choix que de préférer ceux qui payent bien à ceux qui payent mal.

Au coin est de ce désert s'élève la montagne de *Om-el-Lejlé*, célèbre par le siége qu'y soutint pendant sept ans, contre les Turcs, un des imams de Sâad. Son sommet est couronné d'un fort, où en temps de révolution se réfugient les imams.

En partant de Sâad, nous nous étions remis en marche du nord au sud ; à trois lieues de Sâad, nous rencontrâmes un grand réservoir d'eau qui, s'il est fait de main d'homme, est tellement ancien qu'on n'y voit aucune trace de travail. L'eau n'en est pas mauvaise. Ses bords sont garnis de joncs comme un de nos étangs. Il s'appelle Birket-Soudan, ce qui veut dire lac noir. Son eau est en effet de couleur foncée. Les Arabes le prétendent poissonneux ; je ne vérifiai pas le fait.

Nous restâmes sur ses rives pendant les heures de

la chaleur. Elles sont fréquentées d'habitude p des Bédouins voleurs; mais, outre que nous étions déjà assez nombreux en quittant Abou-Arich, notre troupe s'était encore augmentée à Sâad d'une vingtaine de marchands se rendant, soit à Sana, soit à Aden. Or, le marchand arabe est le meilleur compagnon que l'on puisse désirer. Il est toujours admirablement armé, et, pour défendre sa marchandise, il devient très-belliqueux.

Le soir, vers huit heures, nous arrivâmes à Kheïwan, gros village du district de Sephian. Nous étions au pied de la montagne Noire, et hors du désert. A partir du lendemain, nous allions entrer dans la montagne, pour ne la plus quitter jusqu'à Sefakin. Grâce à notre escorte et surtout aux deux princes qui la commandaient, aucun événement ne pouvait retarder notre marche. Chaque nuit, trois heures avant notre réveil, partaient des courriers destinés à aplanir toutes les difficultés que nous pourrions rencontrer sur notre route et à préparer nos logements. Si nous descendions près de quelque camp de Bédouins, nous en obtenions tous les soins que l'on pouvait attendre des facultés bornées de ceux qui nous recevaient.

Nous nous contenterons donc de dire, pour éviter la monotonie d'un journal qui n'aurait à consigner que la fertilité des vallées, que l'aridité des montagnes, que l'hospitalité des habitants, nous nous contenterons donc de dire que le voyage dura douze jours, et que nos principales haltes, après Kheïwan, furent Scharres, Khamir, Affar, Kâahlan, Loma, Redjum, Mehauïed, Djebi, Sefakin, Kataja et Hodeïda.

Kataja était déjà hors de la montagne et redescendait vers la mer. Pour y arriver, il fallait traverser une portion déserte du Théama.

Le 4 février, nous faisions halte dans cette ville. Le 6, nous entrions à Hodeïda.

La route à travers la montagne m'avait énormément fatigué ; j'espérais que le vent aurait changé, et que je pourrais m'y embarquer pour Mascate ou tout au moins pour Moka.

Abou-Taleb, le père d'Abd'el-Mélek, vint à notre rencontre. Comme je ne comptais point venir à Hodeïda, je ne m'étais pas muni de lettre pour le frère du chérif, mais j'avais pour lui deux lettres vivantes qui étaient Abd'el-Mélek, son fils, et le jeune Husseïn, son neveu. Nous avions une maison qui nous attendait toute préparée.

En France, il faudrait à un intendant, si diligent qu'il fût, huit jours pour préparer une maison; en Orient, la besogne est faite dans deux heures. On étend des tapis, on jette des coussins sur ces tapis, on installe un esclave à la porte pour servir de concierge, on en lâche deux autres dans les appartements, dont l'un est chargé des pipes et l'autre du café, et tout est dit. Quant à la nourriture, elle vous est envoyée abondamment deux fois par jour par celui qui se charge de vous donner l'hospitalité. Enfin, les bêtes et les gens de votre suite sont traités de la même façon.

Notre maison était une des plus belles de la ville. Elle était située en face de la douane, l'un des bâtiments les plus importants du pays, et donnait sur la rade, où l'on pouvait voir à l'ancre une vingtaine de boutres, cinq ou six bâtiments hollandais, deux navires américains et un anglais.

A peine arrivés, on nous servit le café. Hodeïda est le pays où on le prend bon par excellence. Il vient principalement du pays de *Hadie-Dâr-Reyt-el-Fakih*, qui veut dire la maison du pauvre ou la maison du savant, ce qui, à ce qu'il paraît, dans tous les pays du monde, veut dire la même chose. La plus grande partie de la première récolte est envoyée en tribut au pacha d'Égypte et aux sultans ottomans. Ce qui est livré au commerce n'est absolument que ce qui glisse entre les mains des agents chargés de lever la contribution, et qui s'élève à deux mille balles à peu près. On voit donc que l'on n'a guère plus de chance à Paris de prendre du vrai café Moka que de boire du vrai vin de Constance.

Au reste, ce n'est point le grain que nous pulvérisons, nous autres Européens, qui sert aux Arabes à préparer une boisson parfumée plus délicate que la nôtre, de même que l'on assure que les Chinois ne nous donnent que le rebut de leur thé : c'est la pulpe du café qu'ils prennent pour eux et qu'ils avalent en infusion, après l'avoir torréfiée et non pas moulue, mais concassée seulement, et mélangée avec du girofle et de la cannelle. On sucre ce café avec de la cassonade. Les Arabes, convaincus qu'il entre dans l'épuration du sucre des os et du sang, repoussent avec obstination le sucre raffiné.

Au reste, hommes et femmes font un usage prodigieux du café ; ils en boivent toujours et avec tout. Il est vrai que, vu son peu de force, ce n'est qu'une espèce de tisane. Les femmes comme les hommes vont au *gawa*, espèce d'établissement qui se trouve jusque dans les plus petits douars et même dans les routes du désert. C'est là qu'on va prendre la liqueur favorite. Avide de nouvelles, l'Arabe, curieux et jaseur, reste rarement chez lui. Il passe donc sa vie au gawa. Là, chacun a son petit pot en terre charmante, pareille à celle du foyer des pipes turques. La forme de ce petit pot est antique et à peu près celle des lacrymatoires qu'on retrouve dans les tombeaux étrusques; seulement le ventre est plus rond et plus gros. A côté du petit pot est une petite tasse sans anse. Moyennant un centime, on a le droit de rester au gawa toute la journée. Le gawa fournit le feu, l'eau et les bancs sur lesquels le consommateur s'assied. Le consommateur fournit la cassonade, le café et les épices. Pour occuper le temps, hommes et femmes tressent des nattes, confectionnent des couffes et des éventails en feuilles de palmier.

Au milieu de ces buveurs de café, quelques-uns se distinguent en mâchant du *cad*. Ceux-là se bornent à cette friandise, qui les enivre comme le cad et le hachich et leur enlève tout désir d'autre boisson. Cette mastication a pour ceux qui s'y adonnent un effet énervant. Souvent j'ai voulu mâcher du cad pour connaître à fond une des jouissances de l'Orient ; j'avoue que j'ai toujours jeté la portion de cad que j'avais mise dans ma bouche sans pouvoir me faire idée du plaisir qu'éprouvent les Arabes à presser entre leurs dents une matière si insipide.

Le cad, c'est-à-dire ce que l'on mâche, est la feuille d'un arbuste, comme le café, d'origine abyssinienne.

Il aura sans doute été importé dans l'Yémen du temps de la puissance abyssinienne, qui dura une soixantaine d'années à peu près.

Preneurs de café, mâcheurs de cad, tout le monde fume, chérifs, cheiks, hauts personnages exceptés. Chacun, comme il avale son café, ou le jus du cad, avale la fumée de son bouri. Il y a dans ces gawas des sortes de cabinets particuliers où l'on boit de l'eau-de-vie de dattes anisée. Cette eau-de-vie se boit, non pas par petits verres, mais par bouteilles. En buvant le café, en mâchant le cad, ou en s'enivrant d'eau-de-vie, on joue aux dames ou aux échecs. Les élégants jouent avec des échiquiers et des damiers pareils aux nôtres et qui viennent, tablettes, figures ou pions, de l'Inde et de la Chine. Les pauvres tracent un échiquier ou un damier sur la terre et jouent avec de petits cailloux.

Les gawas sont pleins jour et nuit. Le jour seulement, les consommateurs s'accroupissent sous le poids de la chaleur. Mais le soir tout cela se réveille, et la nuit tout cela grouille. Le maître du café est, en général, un homme de probité reconnue; on peut lui confier argent et bijoux.

Un des accessoires les plus importants d'un café bien achalandé est un poëte ou un historien : il y remplit les fonctions de l'improvisateur du Môle à Naples. C'est presque toujours la nuit que ces improvisations ou ces lectures ont lieu. La lecture ou l'improvisation finie, un petit mendiant, attaché au poëte comme le caniche à l'aveugle, fait la quête pour lui. Chacun donne ce qu'il veut et suivant ses moyens, tabac, pain, café ou cad.

Les maisons en général sont bâties en pierre; elles ne sont point belles extérieurement, mais sont d'une propreté remarquable. A l'intérieur, chez les hommes, les planchers sont recouverts de nattes ; on n'y entre qu'en laissant sa chaussure à la porte. Les appartements des femmes, au contraire, sont très-élégants, garnis de tapis, de sofas, de meubles incrustés de nacre et d'écaille. Quelques-unes poussent le luxe jusqu'à garnir des chambres tout entières, plafond, plancher, murailles, de petits miroirs. A Bagdad, au consulat français, j'ai vu une de ces chambres qui avait peut-être coûté cinquante mille francs.

Toutes ces maisons sont à plusieurs étages et à terrasses. Chaque terrasse a un petit appartement séparé. Cet appartement correspond aux boudoirs de nos petites maisons. Les escaliers ne sont point en spirale, mais carrément disposés : cette forme absolue a pour but de permettre aux femmes de parler aux esclaves ou aux étrangers du sexe masculin sans être vues d'eux.

L'appartement des femmes est, en général, au premier. De ce point dominant, à travers les moucharabies, toujours d'un charmant travail, les femmes voient ce qui se passe dans la rue sans que de la rue on puisse les voir. Chaque moucharabie a son petit volet où on ne peut passer la tête, mais où peut passer la main. Le prétexte de cette ouverture est l'aumône : il faut pouvoir jeter une pièce de monnaie ou du pain à un pauvre. Il est vrai que, par la même ouverture, peuvent également passer un billet, un mouchoir, des fleurs.

La moucharabie, qui surplombe toujours la rue, est garnie à l'intérieur de coussins et de divans sur lesquels les femmes sont assises ou couchées. Le cordon de la porte, qui ne se ferme à l'intérieur que par un loquet en bois, est à la portée de leur main ; si elles n'ont pas vu la personne qui frappe, elles demandent :

— *Min* ?

— Qui est là ?

Le visiteur répond qui il est et ce qui l'amène.

Le visiteur frappe toujours, que la porte soit ouverte ou fermée ; si le maître est absent, la même voix qui a demandé qui est là ! répond :

— Il n'y a personne.

On n'insiste jamais.

Le chérif Abou-Taleb fut on ne peut plus surpris de notre arrivée. Il ignorait complétement que j'eusse quitté Abou-Arich et dans quelle circonstance je l'avais quitté. Quand je dis qu'il ignorait complétement, peut-être aurais-je dû dire qu'il affectait de l'ignorer. En effet, en suivant le Théama, un homme monté sur un bon dromadaire peut aller en trois jours d'Abou-Arich à Hodeïda, et j'ai dit que nous avions mis, nous, quinze jours à faire ce trajet. Il est donc présumable, ou que le chérif Husseïn ou que le jeune Abd'el-Mélek l'avaient informé.

En tous cas, dès le lendemain, Abou-Taleb eut une conversation avec moi. Dans ce but, il m'avait invité à dîner chez lui. Cette conversation avait pour cause de me faire rester auprès de lui. Il savait les services que j'avais rendus à son frère et il connaissait ceux que je pouvais lui rendre.

Après avoir quitté Husseïn, c'eût été lui faire injure que de rester auprès d'un de ses frères, quel qu'il fût. Non-seulement je refusai donc toutes les offres qu'il me fit, mais encore j'insistai pour quitter Hodeïda dans le plus bref délai. J'étais décidé à me rendre le plus tôt possible à Moka. Le port était plein de petits navires qui n'attendaient qu'un bon vent pour mettre à la voile. Ce bon vent pouvait souffler d'un moment à l'autre et me fournir une occasion.

J'eus dans l'intervalle une visite à laquelle je ne

m'attendais guère : c'était celle de ce Hadji-Soliman qui avait tenté de m'empoisonner. Comme si le drôle n'avait aucun reproche à se faire et comme si rien ne s'était passé entre nous, il venait mettre ses services à ma disposition. Il était engagé comme artilleur dans les troupes d'Abou-Taleb. Lorsque je racontai l'anecdote au chérif qui, selon toute probabilité, l'ignorait, il voulut le renvoyer. Mais, de même que je m'étais opposé à sa mort, je m'opposai à son renvoi. Je devais, plus tard, le retrouver à Moka, à Mokaïlâh et à Mascate.

Ibrahim-Pacha, qu'on appelait, comme neveu d'Ibrahim, fils de Méhémet-Ali, Ibrahim le Petit, avait été gouverneur de cette partie de l'Yémen. Intelligent et actif, il avait fait reconstruire en partie la ville, bâtir des édifices remarquables, l'avait entourée de murailles et défendue par un fossé. Il y avait de plus, au détriment de Moka et de Loheïa, appelé tout le commerce des montagnes. Ce qui militait en faveur de ce choix, c'étaient un bon port et d'excellente eau que l'on puisait dans des citernes creusées à une demi-lieue à peu près de la ville.

Il en résultait que toute la population d'une cité autrefois très-célèbre nommée *Ghalefka*, et située à cinq lieues sud de Hodeïda, était venue se fondre avec celle de cette ville et l'avait presque doublée. De son côté, Ghalefka était restée vide. Le désert avait profité de cet abandon pour l'envahir, et à peine restait-il de ses deux mille maisons une douzaine de huttes de pêcheurs. Aussi Hodeïda, comme toutes les villes maritimes d'une certaine importance, était-elle devenue une ville de plaisirs. Ce n'est point que la ville intérieure ne fût soumise à une police assez rigoureuse; mais restait le faubourg, qui, une fois les cafés fermés et les rues devenues désertes et silencieuses, héritait des promeneurs et du bruit exilés de cette ville intérieure.

Dans ce faubourg appelé *El-Rabat*, se renouvelaient chaque nuit toutes ces scènes de danses, de jeux et de poésies que nous avons racontées, et cela avec une liberté toute primitive. Abou-Taleb, religieux jusqu'au fanatisme le plus outré, Abou-Taleb qui faisait bâtonner ceux de ses administrés qui manquaient trois fois de suite à la prière, Abou-Taleb qui, ne se contentant pas des muezzins pour appeler les fidèles à la prière, faisait frapper à leur porte pour diligenter les retardataires, Abou-Taleb lâchait complétement la main à toutes les licences du Rabat; aussi la licence s'en donnait-elle sous toutes les formes.

C'était, au reste, un beau type physique qu'Abou-Taleb. C'était un de ces beaux Koulouglis, comme on en rencontre sur les côtes d'Afrique. Il était fils d'une blanche et d'Ali. Cette noblesse maternelle le rendait très-fier, et, comme il était en même temps très-ambitieux, le chérif Hussein savait qu'il ne le contenait qu'à force de faveurs. C'est pourquoi il avait obtenu le gouvernement d'Hodeïda, qui était alors et qui est encore aujourd'hui, quoique le territoire en soit très-restreint, le plus beau et le plus riche de tout le Théama.

En toute chose, Abou-Taleb, personnellement très-riche, singeait son frère avec plus d'ostentation apparente et moins de charité réelle. Tout était calcul chez lui, *s'il* donnait beaucoup, ce n'était pas par générosité, mais pour se faire un parti. Le gouvernement d'Hodeïda, outre ses simples appointements, lui rapportait plus de dix mille francs par mois. Joignez à cela quinze cent mille francs à peu près de fortune personnelle, les impôts illégaux, les avances et les cadeaux qui, de la part des Européens, sont considérés en Orient comme obligatoires, et cela vous représentera un revenu de plus de cinq cent mille francs qui, là-bas, équivalent à peu près à un million et demi.

Aussi Abou-Taleb déployait un grand luxe d'appartements. Ses antichambres étaient ornées d'armes magnifiques, ses planchers étaient recouverts des plus beaux tapis et ses divans revêtus de cachemires. Les plafonds étaient partout dorés et garnis d'arabesques; les fenêtres étaient en verres de couleur; son siége, à lui, recouvert de brocart, dominait toujours tous les autres siéges. Ses vêtements personnels étaient en harmonie avec ce luxe d'appartements. Quoique l'or et la soie appartinssent plutôt aux vêtements des femmes qu'à ceux des hommes, il était toujours vêtu d'or et de soie. Sa manière de se coiffer était élégante. Sa calotte, au lieu d'être un simple fez comme celui des Turcs ou des Arabes du Hedjaz, était un tissu de petites lanières de différentes couleurs dont le travail remarquable représentait un damier. Dans les grandes fêtes, autour de cette calotte il roulait un turban vert ou rouge et du plus beau cachemire. Dans les temps ordinaires, il ne mettait qu'une simple sommada, mais une sommada en soie et en filigrane d'or.

Sa chemise, traînant jusqu'à terre, était en étoffe de Trébizonde. Les manches en étaient brodées de soie, comme la dentelle des femmes européennes. Le collet ou plutôt le tour du cou, ainsi que l'ouverture de la poitrine, était enjolivé de soie rouge. Pardessus cette chemise, il portait une tunique en soie de Damas. Cette tunique, ouverte du haut en bas comme une redingote sans manches, se croise pardevant à volonté et se fixe autour des reins par une ceinture de maroquin brodée d'or et du plus beau travail. C'est dans cette ceinture que l'on passe e djembie, poignard recourbé, arme indigène, que les chérifs ne quittent pas qu'en se couchant et dont le manche et le fourreau sont d'une richesse extrême.

Aucun chérif ne sort jamais sans tenir à la main, au lieu de canne, son sabre dans son fourreau. Les plus petits chérifs, fils, neveux, cousins, ont leurs sabres. Quand ils prient, ils les déposent devant eux. Les lames, comme on pourrait le penser, ne sont point toutes tirées de Damas ou de Hamadan. J'en ai vu beaucoup venant de France et portant cette légende :

Vive le roi !

Ce sont en général des sabres d'officiers de la garde qui, après la révolution de 1830, sont allés chercher du service en Égypte. Les lames ont été adoptées par les indigènes ; mais les poignées ou les fourreaux appartiennent à la localité. Fourreaux et poignées sont presque toujours en argent, d'un précieux travail, qui sort des mains des juifs et des banians.

La loi musulmane défendant le luxe de la personne, les chefs musulmans reportent d'habitude toute leur richesse dans leurs armes et dans les équipements de leurs chevaux. Chérif Hussein avait plusieurs sabres montés en or massif et garnis de pierreries. Son frère, qui l'imitait en toutes choses, l'imitait aussi sur ce point.

J'avais dit que je voulais partir le plus tôt possible et prendre la voie de mer. Je profitai donc de la première espérance de beau temps pour m'embarquer sur un boutre persan qui devait toucher à Moka, se rendant au golfe Persique.

J'étais si pressé que je ne réfléchis pas, ou plutôt que je ne voulus pas réfléchir que le boutre était horriblement chargé d'hommes et de marchandises. En effet, les marchandises débordaient sur le pont, et la ligne de flottaison était si près de l'eau que l'on avait dû faire un faux bordage pour que la mer n'envahît pas le pont. Le faux bordage était maintenu au moyen de chevilles et d'une espèce de lacet en corde de palmier.

Les passagers étaient au moins au nombre de quatre-vingts, et, parmi ces quatre-vingts, il y avait au moins trente femmes et une dizaine d'enfants. Ajoutez à cela vingt ou vingt-cinq hommes d'équipage.

La cabine avait été divisée pour donner asile à quelques femmes de distinction revenant du pèlerinage de la Mecque. Au devant de la cabine on avait étendu une tente en toile : c'était le domaine d'un djellab et de sa marchandise. Outre une douzaine d'Abyssines esclaves dont la plus âgée avait à peine douze ans, et qui n'avaient pour tout vêtement qu'un pagne, il avait avec lui une Géorgienne, fort belle, disait-on, et qui habitait la cabine avec les femmes.

Les petits esclaves mâles se mêlaient à l'équipage et, selon leur degré de force, servaient de mousses ou de matelots. Ils gagnaient deux choses à ce service : ils faisaient de l'exercice et étaient mieux nourris. Deux derviches, aux costumes fantastiques, secondés par un savant à encrier, s'étaient emparés du grand mât. Le savant portait le turban vert, ce qui lui donnait, comme descendant de Mahomet, une position particulière à bord du boutre. Quant à nous, c'est-à-dire au jeune Husseïn, à Abd'el-Melek et moi, nous occupions la dunette avec notre suite. Nous y avions étendu nos tapis, et, à l'heure de la chaleur, on déployait une tente sur notre tête. Nous avions pour commensal le timonier et sa boussole, plus le capitaine, nommé Hunji-Habib Allah, ce qui veut dire : le pèlerin ami de Dieu.

III

Le capitaine de notre navire était un homme fort remarquable sous le rapport du physique. Sang arabe mêlé de persan, il était d'une propreté exemplaire, et, quoiqu'il n'eût que trente ans, il avait une barbe noire qui tombait jusque sur sa poitrine. A terre, il se promenait avec sa belle robe, sa belle ceinture, son beau poignard et son beau turban rayé de blanc et de bleu avec ses bouts frangés de soie rouge. Mais une fois à bord, il se mettait à son aise et ne gardait qu'une chemise de nankin à manches, très-étroite du poignet. Cette chemise était elle-même très-élégante, maintenue qu'elle était par une ceinture de coton rayée bleu et blanc; elle était brodée en soie autour du cou, sur le devant et aux manches.

Le chérif Abou-Taleb avait pourvu aux approvisionnements de bouche, et, quoique d'habitude le trajet se fasse en deux jours, nous avions, grâce à sa profusion, des vivres pour une semaine; ces vivres consistaient surtout en riz, en dattes, en beurre et en farine; nous avions de plus deux moutons vivants destinés à être tués à bord et à nous donner de la viande fraîche; nous avions en outre de l'eau douce, ce qui nous permettait de ne pas toucher aux deux énormes caisses renfermant le liquide des passagers et de l'équipage, et qui tenaient les deux côtés du grand mât. C'était sur ces caisses que les deux derviches avaient établi leur domicile.

Le costume des derviches se composait d'un large pantalon de cotonnade jadis blanc, d'une veste très-ample, composée d'un millier de morceaux de drap de toutes couleurs imitant fort bien certain costume de folie, de mise dans nos jours de carnaval; leur bonnet était pointu, dans le genre de celui que nos archéologues d'almanach donnent à Nostradamus; leur corps était entouré de chapelets dont les grains étaient gros comme des noix; une ceinture leur serrait la taille, et soutenait un énorme poignard et une petite hachette qui leur sert à fendre du bois et leur donne en même temps un aspect plus formidable. Ils avaient en outre, et comme dernier ornement, trois noix de coco : une première, énorme, coupée en manière de sébile, qui leur pendait sur le dos; elle leur servait à mendier; une seconde, plus petite, pendue à leur côté; elle leur servait pour boire; une troisième, qui pendue près de la seconde et tiquetaquant avec elle, leur servait à prendre leur café.

Ils passaient leur temps à priser, à fumer et à dire leur chapelet. Leur tabatière était en bois et leur pipe en cuivre. Au lieu de canne, ils portaient à la main l'os nasal du poisson qu'on appelle la *scie*.

Leur costume était complété par une foule d'amufettes, se composant de dents de requins, de défenses de sangliers et de coquillages comme nos charlatans en mettent à leurs chevaux. Ajoutez à cela une peau de tigre ou de lion jetée sur leurs épaules le jour et leur servant de natte la nuit ; une chevelure et une barbe noires, longues et épaisses, des dents blanches, des yeux de lynx, et vous aurez une idée des deux saints personnages.

L'un de ces derviches avait une sacoche en cuir qui servait de domicile à une dizaine de serpents venimeux avec lesquels il jonglait. Sa ménagerie se complétait d'une cinquantaine de scorpions plus gros et plus hideux les uns que les autres, rouges jaunes et noirs, et dont quelques-uns prenaient toujours l'air sur ses mains, ses bras ou sa figure.

L'autre derviche, qui jonglait aussi à sa manière, au lieu de scorpions ou de serpents, avait un boulet de canon auquel était fixé un énorme clou de sept à huit pouces de long et une multitude de petits grelots. Il s'enfonçait le clou dans l'œil et tenait le boulet en équilibre en faisant sonner les grelots à peu près comme nos paillasses tiennent une échelle sur leur menton ou sur leur nez.

L'un et l'autre disaient la bonne aventure. Le soir, ils allumaient des lanternes, et, après une espèce de parade pour réunir autour d'eux équipage et passagers, ils donnaient leur représentation.

On sait que ces derviches mahométans, et surtout ceux qui exercent leur industrie en Perse, peuvent aller du Caucase au Zanguébar et de Tanger aux limites de la Chine sans avoir à s'occuper de rien; la crédulité publique fait les frais de leur voyage. D'ailleurs, nous l'avons déjà dit, quand on ne leur donne pas, ils prennent. Ce qui n'est permis à personne, l'entrée des harems, leur est permis à eux.

Les grands de Turquie, de Perse et d'Arabie ont presque tous un derviche à eux, ou plutôt sont à un derviche qui joue auprès d'eux le rôle que les anciens astrologues jouaient auprès des rois et des seigneurs du moyen âge.

Osman-Pacha avait un derviche du nom d'Ibrahim-Effendi, qui possédait plus de 30,000 livres de rente.

Les bonnes grâces du pacha, qui ne faisait rien sans son avis, étaient subordonnées aux siennes. Aussi lui faisait-on une cour plus assidue qu'à son maître.

Ce fut un derviche favori de Mahmoud qui détermina l'extermination des janissaires.

Ceux qui voyagent sont ordinairement des espions envoyés par les princes orientaux, et qui à leur retour leur rendent compte de ce qu'ils ont vu. Ce sont enfin, parfois, mieux que des mouchards : ce sont des bourreaux qui vont tuer à distance, comme faisaient les affidés du Vieux de la Montagne.

Cette réputation, les animaux dont ils étaient porteurs, la vermine qui les couvrait, tout concourait à éloigner d'eux les passagers. Disons en passant qu'ils avaient, comme M. Tartuffe, le teint fleuri et le menton étagé.

Nous avions le bonheur, outre les deux derviches, de posséder un santon, espèce d'idiot qui se tenait immobile et restait muet. Il s'était, forçat volontaire, enchaîné les pieds. Il était gardé par une vieille femme qui l'appelait mon fils, ce qui, en Orient, n'était pas tout à fait une raison pour qu'elle fût sa mère. On l'avait relégué à la proue du navire, où étaient obligés d'aller le trouver les dévots qui avaient affaire à lui. Tout le monde contribuait à son entretien ainsi qu'à celui des deux derviches. Hommes et femmes étaient pêle-mêle sur le pont; seulement les femmes avaient le visage couvert d'un voile, ce qui ne les empêchait pas de se livrer à la conversation, soit particulière, soit générale.

J'ai déjà dit que, si nous étions favorisés par une bonne brise, nous pouvions espérer être en deux jours à Moka.

Nous nous étions embarqués le 12 février, à dix heures du matin. La première journée et la première nuit s'étaient passées de façon à nous donner les plus heureuses espérances; tout le monde était joyeux et satisfait à bord. Les uns chantaient, les autres faisaient de la musique; ceux-ci préparaient leur café, ceux-là mâchaient leur cad. Les derviches fumaient de l'opium.

De la cabine on entendait sortir les sons d'une espèce de guzla. C'était notre Géorgienne qui payait par un concert l'hospitalité qu'on lui donnait.

Le lendemain matin, le soleil se leva au milieu d'une brume qui annonçait au capitaine que le temps n'était pas solidement accroché au beau fixe. En le voyant forcer ses voiles, installer une espèce de brigantine pour tâcher de marcher plus vite, je compris qu'il avait hâte d'arriver à Moka.

Je l'interrogeai; il m'avoua ses craintes; mais il paraissait bon marin et avoir foi dans sa science.

— Si à deux heures, me dit-il, le vent n'est pas changé, tout ira bien.

A neuf heures et demie, nous tombâmes dans un calme plat. Tout le monde était dans la désolation. Vers midi, la brise du sud-est se fit sentir. C'était justement le vent que nous craignions. Le capitaine commença de courir des bordées, essayant de lutter contre le vent et les vagues. La mer devenait effroyablement houleuse; les lames passaient par-dessus le bordage, et, au lieu de nous laisser avancer du côté de Moka, nous repoussaient vers Hodeïda.

Les cris des femmes, le tumulte répandu parmi les hommes qui tous voulaient se mêler d'une besogne qu'ils ne connaissaient pas, mon influence, celle du jeune Husseïn et du jeune Abd'el-Mélek, tout cela finit par obtenir du patron qu'il revînt sur ses pas. L'eau montait par-dessus le bordage, s'infiltrait dans la cale et faisait insensiblement enfoncer le petit bateau.

C'était la première fois que le jeune Husseïn et Abd'el-Mélek naviguaient; ils se croyaient perdus. Ils avaient une peur horrible de la mort par l'eau; comme les anciens Pompéiens, ils furent sur le point de se suicider pour éviter cette mort qui était si peu de leur goût. Les femmes étaient sorties des cabines et couraient sur le pont, jetant de grands cris et redoublant la confusion. Il était impossible de tenir plus longtemps la mer avec le vent debout.

Le capitaine commençait à perdre la tête au milieu de tout ce tumulte, lorsque, comme je l'ai dit, nous obtînmes de lui qu'il virât de bord et courût vent arrière. Nous étions d'avis qu'il reprît le chemin d'Hodeïda. Mais comme nous étions environnés d'îles et que nous avions fait plus des deux tiers de notre route, il préféra s'abriter dans une de ces îles. Il alla au hasard, mettant le cap sur la première. La première, c'était Djebel-Sokar, *la montagne de sucre*, déjà citée, on se le rappelle. C'était une grande île qui se trouvait par le quatorzième degré de latitude, défendue en quelque sorte par deux grands rochers qui semblaient veiller sur elle comme deux fantômes blancs. Elle est suivie comme une reine de ses dames d'honneur, par cinq ou six autres îles plus petites.

Nous trouvâmes une anse où nous pûmes nous mettre à l'abri, sinon du vent, du moins de la mer. On débarqua au moyen de petites chaloupes.

Puis, les hommes à terre, on s'occupa de la cargaison qu'il fallait sécher. Tout était trempé d'eau de mer; les vivres étaient en grande partie avariés; l'eau seule avait échappé au désastre.

L'île était inhabitée et pouvait avoir dix lieues de circonférence. De temps en temps, des pêcheurs y abordaient ou pêchaient sur les côtes, mais le mauvais temps qui durait depuis un mois la faisait complétement solitaire.

Toutes les femmes étaient horriblement malades. Nos deux princes ne leur cédaient en rien; ils juraient qu'on ne les prendrait jamais à remettre le pied sur une barque. On s'accommoda comme on put sur le rivage : avec les voiles on dressa des tentes pour les femmes; les hommes choisirent leur place et la marquèrent par leurs nattes et leurs tapis. Au reste, les meilleures nattes, les tapis les plus moelleux, c'était le sable de la mer, ce sable doux et fin, qui le jour était brûlant, et le soir, quand venait le froid de la nuit, conservait une douce tiédeur.

Nous abordâmes vers les quatre heures du soir; le sauvetage dura une partie de la nuit; tout le monde y mit la main, excepté les femmes, bien entendu. On ne pensa à dormir que vers les trois heures du matin. Comme toujours, la nuit était claire, étoilée et froide. On se roula dans ses couvertures, dans ses manteaux, dans ses abbayes. On alluma de grands feux qu'on entretint, grâce aux buissons du rivage.

Le plus gros de nos vivres était un de nos deux moutons. On le tua, on le fit cuire dans la terre, on le mangea avec des patates douces, cuites dans la cendre et qui faisaient partie de nos provisions.

Toutes les marchandises, emballées dans des couffes, étaient avariées et immangeables. Par bonheur il y avait dans la cargaison une trentaine de grosses jarres de grès pleines de dattes. Le beurre et la farine avaient été également conservés dans leurs *messuéd* (peaux de bouc). Tout cela devait durer à peu près huit jours. Il est vrai qu'on espérait bien dire avant huit jours adieu au Djebel-Sokar. A tout événement on rationna les naufragés, au désespoir des nègres qui sont les plus gros mangeurs que j'aie jamais vus.

Le lendemain fut employé à donner de l'air aux marchandises et à les étendre sur le sable et les broussailles. Vue de loin, l'île était ou du moins paraissait être blanche; c'était probablement cet aspect qui lui avait fait donner le nom de montagne de sucre. Deux ou trois jours s'écoulèrent pendant lesquels il ne se fit aucun changement dans l'atmosphère. Tout rationnés que nous étions, les vivres diminuaient à vue d'œil.

Je proposai alors aux deux jeunes gens un voyage d'exploration dans l'île. C'était véritablement pour nous un voyage d'exploration. Nul des naufragés n'avait mis le pied sur ce sol. Inhabité à la première vue, il pouvait renfermer une population qui eût intérêt à se cacher. La mer Rouge était infestée de corsaires, si des voleurs à la barque méritent ce nom. D'un autre côté, il fallait laisser bonne garde autour des marchandises.

Il fut convenu que les deux jeunes princes et moi nous nous mettrions à la tête de la colonne d'exploration. On nous donna une vingtaine de nègres qui prirent chacun une lance dans le cas où nous rencontrerions l'ennemi, et une outre dans le cas où nous trouverions de l'eau. Ces nègres, Nigritiens pour la plupart, étaient de force herculéenne, très-braves et surtout excellents nageurs. Trois ou quatre passagers, armés aussi de lances, vinrent avec nous. Les deux princes, Sélim et moi, avions seuls des armes de chasse. Ma poudre, au reste, ne s'était conservée que parce qu'elle était dans des boîtes de fer-blanc.

Nous nous mîmes en marche vers quatre ou cinq heures du matin, et nous commençâmes pendant une bonne demi-lieue au moins à gravir la montagne sur un terrain très-accidenté. Le sol se composait de silex et de calcaire, ce qui rendait la marche très-difficile. Dans les interstices des roches poussaient des mimosas et des jujubiers. J'y reconnus beaucoup de jusquiames que les Arabes appellent *sekran*, — ivresse.

On comprend qu'il n'y avait pas de route tracée. Chacun marchait à sa fantaisie, à peu près d'ailleurs comme on marche en chasse. Pendant deux ou trois heures nous ne fîmes lever que des petits oiseaux, des gerboises, et des rats de Pharaon. De place en place nous trouvions d'immenses fourmilières habitées par d'énormes fourmis noires tachetées de blanc. Puis, dans des creux de rochers, des ruches à miel. C'était déjà pour nous une grande trouvaille. On déchira des morceaux de linge, on les attacha aux broussailles environnantes pour les retrouver au besoin.

Un peu plus loin, nous trouvâmes des empreintes d'hyène et de chacal. C'était un joyeux signe. S'il y avait des carnivores, il y avait du gibier et de l'eau. On connaît l'adresse des nègres à suivre les pistes. Celles des hyènes et des chacals les conduisirent comme je m'y attendais, sur des traces de gazelles. Au bout d'un certain temps, elles devinrent très-nombreuses.

Devant nous s'étendaient des vallées couvertes d'avoine sauvage que les Arabes désignent du nom générique de hachich. Nous entrâmes dans ces avoines, et à deux cents pas de nous bondit une bande d'une trentaine de gazelles qui disparurent en quelques instants. On suivit leur trace, qui nous conduisit à l'endroit le plus profond de la vallée ; nous y trouvâmes un petit lac adossé à une montagne à pic, et qui semblait par une voûte pencher sous cette montagne. L'eau était excellente. Toute la rive de ce petit lac, qui pouvait avoir une centaine de mètres de long, était labourée par les pieds des oiseaux aquatiques et par les pattes des gazelles, des hyènes et des chacals; tout autour poussaient d'immenses joncs et des prêles touffus; la voûte qui surplombait pouvait avoir douze ou quinze pieds de haut.

Nous jetâmes des pierres dans le lac pour sonder sa profondeur, nos nègres n'osaient point se mettre à la nage. Nous fîmes envoler plusieurs oiseaux ichthyophages, preuve que le lac nourrissait du poisson. Nous tuâmes deux ou trois poules d'eau. Il y en avait des quantités. Mais, au bruit de nos coups de fusil, elles s'enfoncèrent et disparurent sous la voûte. Nous trouvâmes aussi des crabes de toute dimension, depuis l'araignée jusqu'au tourteau, et de petites tortues pas plus grosses que le pouce.

Le coup d'œil était des plus pittoresques. Si nous avions pu nous installer là, nous eussions été d'une façon bien autrement confortable qu'au bord de la mer. Nous entendîmes aussi siffler quelques merles, mais sans les voir.

On commença par remplir les outres, et l'on coupa

des perches pour les suspendre. Les perches, rendues au campement, nous fourniraient en outre du bois à brûler.

Ce jour là nous n'allâmes pas plus loin; nous avions trouvé ce que nous cherchions, de l'eau et du gibier. Nous avions hâte de reporter cette bonne nouvelle à nos compagnons d'infortune. Nous revînmes par le même chemin et en suivant notre propre piste. Notre arrivée fut un triomphe. Nous apportions cette grande nécessité de l'Orient, que ne comprendront jamais les hommes du Nord : nous apportions de l'eau.

Quant à Sélim, toujours enragé chasseur et marcheur infatigable, il nous avait demandé la permission de poursuivre sa chasse, et il était resté avec un nègre.

Une partie de l'eau que nous apportions servit à laver le riz gâté par l'eau de mer, et les femmes se mirent au pilaw et aux galettes de millet. Le repas fut excellent et des plus joyeux, les femmes chantant et dansant, les hommes fumant et les regardant. La Géorgienne, objet d'une déférence toute particulière, semblait la reine des esclaves et faisait de la musique avec sa guzla. Le Djebel-Sokar n'avait jamais vu pareille fête. Elle dura jusqu'à deux heures du matin.

Sélim arriva au jour. Il rapportait deux gazelles qu'il avait tuées à l'affût près du lac. Il en avait vu plus de cent. Chacun se contenta d'un petit morceau de gazelle. Les esclaves rongèrent les os.

Le lendemain, je restai pour faire prendre l'air à mes malles; mais je donnai de la poudre et des chevrotines à Sélim, qui repartit avec trois ou quatre Arabes et autant de nègres. Le capitaine, qui voulait voir le lac, fut de l'expédition. Cette fois, sans aller jusqu'à l'extrémité de l'île, on poussa cependant une lieue ou deux au delà du lac. On trouva encore de grandes mares d'eau visitées aussi par du gibier et par des carnivores. On rapporta des gazelles et deux ou trois petits singes, de l'espèce des singes voleurs dont j'ai parlé. On avait en outre tué quelques oiseaux qui appartenaient à la famille des échassiers. Le retour fut le signal d'une nouvelle fête pareille à celle de la veille.

Quelques esclaves étaient malades, atteints de ces fièvres qui ne pardonnent guère, aux nègres surtout. Le mal de mer avait redoublé leur maladie. Deux ou trois moururent et furent enterrés sur ce coin de terre qui semblait réclamer le payement de son hospitalité.

Pendant que les chasseurs rapportaient des gazelles et des poules d'eau, les pêcheurs s'étaient mis en campagne, les uns avec des lignes improvisées, les autres avec ces filets dont il y a toujours un certain nombre à bord des petits bâtiments arabes. Seulement ils avaient maille à partir avec les goëlands, qui venaient littéralement leur arracher le poisson des mains. C'étaient au reste de véritables pêches miraculeuses : on avait du poisson à n'en savoir que faire. La façon de le cuire était on ne peut plus primitive : on le faisait griller sur le charbon. Les délicats, dont je faisais partie, ainsi que les deux chérifs, inventaient des sauces avec des oignons, du vinaigre, du sel, du poivre, du gingembre, du piment et de l'ail. J'étais le seul qui eût du vinaigre. Les Arabes tolèrent le vin du moment où il est devenu vinaigre.

Ils étaient très-friands du mien, et le buvaient par petits verres. Le vin qui entre en Algérie, en Afrique et en Egypte, est inscrit comme vinaigre, et paye l'entrée sous ce titre modeste.

La Géorgienne voulut fournir son contingent de douceurs. Elle fit des crêpes.

Le dixième ou onzième jour, le vent étant toujours contraire, je repris la conduite d'une nouvelle expédition destinée à s'avancer plus profondément vers l'ouest. Nous fîmes une halte et nous déjeunâmes au lac. Rien de plus frugal qu'un semblable déjeuner. Il se compose d'une galette de pain frais, de quelques dattes et d'une tasse de café. Vers trois heures, nous nous remîmes en route, suivant toujours des pistes de gazelles, mais sans jamais en pouvoir tirer au départ.

A deux lieues au delà du lac, à peu près, un de nos hommes nous appela. Un pied d'homme était marqué sur le sable. C'était un pied nu. Les nègres accoururent, entourèrent la trace et l'examinèrent. Les nègres connaissent tous les pieds, ils peuvent dire, à l'inspection d'une trace, si c'est un nègre, un Arabe ou un Européen qui a passé par là. Et cependant les nôtres n'étaient point d'accord sur ce pied. Ce n'était pas non plus un pied de nègre. Sans la distance qui nous séparait de Souakem, cinquante lieues à peu près, ils eussent juré que c'était un pied de Barbérin.

Nous résolûmes de vérifier le mystère. L'empreinte était fraîche, et, venant de l'ouest, retournait à l'ouest. C'était évidemment un homme qui, comme nous, poussait une reconnaissance. Nos nègres se mirent sur sa trace. Arrivés sur une hauteur, nous vîmes la mer à une demi-lieue devant nous. Le long de la côte, nous distinguâmes d'abord de petites embarcations pêchant sur les côtes. La disposition de l'île les abritait. Nous descendîmes vers elles. A leurs voiles en nattes et à la forme de leurs embarcations, nos nègres reconnurent des pêcheurs de Souakem.

En nous voyant arriver, ils eurent de nous la même peur que nous avions eue d'eux, et ils se mirent sur leurs gardes. En Orient, on ne s'aborde jamais qu'avec certaines précautions. On se héla, on échangea des explications, et l'on finit par se connaître. Ils faisaient cinquante lieues pour venir pêcher au Djebel-Sokar. Surpris par la tempête, ils ne pouvaient pas retourner chez eux. Plus malheureux que nous, ils avaient épuisé toute leur eau et ne connaissaient pas le lac. Le Barbérin dont nous avions découvert la trace était allé à la découverte d'une source, d'un ruisseau, d'une citerne, d'un puits quelconque, mais il n'avait rien trouvé. Comme nous ne craignions pas qu'ils épuisassent le lac, nous leur fîmes part de notre secret. C'était tout simplement la vie pour ces braves gens, qui ne pouvaient retourner sur la côte de Nubie et qui mouraient de soif.

Nous fûmes dans cette excursion deux jours absents. Lorsque nous revînmes au campement, nous trouvâmes toutes les provisions épuisées. Toutes nos ressources furent donc la chasse et la pêche.

Enfin, le dix-septième jour, le vent faiblit et parut devenir favorable. Le nacoda, de son côté, prétendit que, selon ses calculs, nous ne devions plus rien avoir à craindre du vent du sud-est, et que nous souperions le soir à Moka.

Le 29 février, nous mîmes donc à la voile dès le point du jour.

Tout parut en effet, jusqu'à trois heures de l'après-midi, seconder les prédictions du nacoda. Nous apercevions déjà Moka et sa forêt de palmiers, quand tout à coup un ouragan, accompagné d'une pluie battante, fondit sur nous venant de la mer des Indes.

Il y eut une heure d'effroyable lutte, une heure pendant laquelle nous fûmes tous entre la vie et la mort. Au premier coup de vent, les voiles avaient été déchirées, les focs enlevés. Une lame démonta le gouvernail de ses gonds. Le bâtiment commença à tourner sur lui-même. Pendant ce temps, la nuit venait et les ténèbres redoublaient le danger. Malgré la haute mer, deux nègres, excellents nageurs, se dévouèrent. Le gouvernail fut rattrapé et remis en place.

Alors comme la première fois, on força le nacoda à virer de bord et à courir avec le vent. La tempête nous emporta comme une bouée.

La mer était furieuse. Un fait donnera idée de la violence des vagues. Une chaloupe que nous traînions à la remorque avec une corde fut lancée de l'arrière à l'avant par dessus le boutre, et, dans sa course rapide comme celle d'un boulet, atteignit le timonier, qu'elle tua raide. Le timonier était sur la dunette près de nous, au milieu de nous; seulement il était debout et nous couchés. C'est ce qui le perdit et nous sauva. On releva le malheureux, mais, comme je l'ai dit, il était mort. Le cadavre fut transporté à l'avant; on le conservait pour l'enterrer à la première terre où l'on aborderait. Les deux derviches en eurent la garde, et le nacoda, qui avait perdu la tête ou à peu près, et qui ne cessait de répéter qu'il était victime du *mauvais œil*, prit la place du timonier.

La nuit se passa ainsi.

Le lendemain au jour, nous reconnûmes que nous avions passé Hodeïda dans la nuit; il n'y avait pas d'autre parti à prendre que de rentrer à Hodeïda. Seulement, ce n'était pas chose facile.

Enfin, vers les trois heures de l'après-midi, nous arrivâmes au mouillage d'Hodeïda.

Le chérif nous attendait sur le quai. Il était dans de mortelles angoisses. Il avait reçu des nouvelles de Moka où naturellement on ne nous avait pas vus. Abou-Taleb nous croyait donc naufragés, noyés, mangés par les poissons. Comme l'angoisse des deux jeunes gens avait été non moins grande que la sienne, ils jurèrent entre les mains de leur père et de leur oncle que c'était la première, mais aussi la dernière fois que, pouvant aller à un endroit quelconque par terre, ils se risqueraient à y aller par eau.

IV.

Nous voilà donc de nouveau revenus à Hodeïda et réinstallés dans notre maison de *Dâr-el-Dief*, c'est-à-dire dans la maison de l'hospitalité.

Le lendemain du jour de mon arrivée, Hadji-Soliman se présenta de nouveau devant moi. Le drôle, comme on voit, avait la rage de me poursuivre. Cette fois, il venait m'annoncer qu'un de mes compatriotes, venant de l'intérieur, se trouvait à Hodeïda. Je lui demandai ce qu'il était; il me répondit qu'il était médecin. Je lui demandai comment il s'appelait; il s'appelait Yusuf. Cela ne m'apprenait absolument rien.

En Orient, tous les Francs sont médecins, et tous les Joseph s'appellent Yusuf. Je lui demandai où il logeait. Sur ce point, j'eus une réponse plus satisfaisante: il logeait chez un Turc de ma connaissance, nommé lui-même Yusuf-Effendi. Ce Turc était très-riche. Ancien employé du pacha d'Égypte à Moka, il aimait beaucoup les Européens. Il s'était fixé à Hodeïda, et était le chef de la douane. Il possédait une parfaite réputation de charité. Il avait plusieurs habitations à Hodeïda, et avait logé mon compatriote dans une de ses maisons.

J'étais curieux de revoir un compatriote. Je pris donc Hadji-Soliman pour guide et me rendis à la maison de Yusuf-Effendi. Le Français était non-seulement un compatriote, mais une connaissance. C'était Arnaud, le célèbre et intrépide voyageur qui a le premier visité les ruines de l'ancienne Saba. Je l'avais vu à Djedda, revenant déjà d'un premier voyage dans l'Yémen. Il habitait seul avec un domestique l'immense maison. Je le trouvai couché sur une natte, les yeux couverts d'une étoffe noire; le soleil et la réverbération du sable l'avaient presque aveuglé. Il était convaincu que sa vue était perdue à tout jamais. Il était en outre atteint d'une de ces affections morales bien autrement dangereuses que les affections physiques, attendu qu'elles ont leur siège, non pas même dans l'imagination, mais dans le cœur. Il s'en allait mourant.

Ma présence lui fut une grande consolation. Il ne pouvait plus me voir, mais il pouvait encore m'entendre. A ma voix il se ranima. Il venait de faire un voyage périlleux, terrible, presque impossible. Il venait de visiter dans le Mareb l'emplacement de l'ancienne Saba, la Saba de la reine Nicaulis, qui, nous le répétons, je crois, fit le fameux voyage de Jérusalem pour visiter Salomon.

Il avait recueilli plusieurs inscriptions himmyârites, c'est-à-dire datant des premiers Arabes; puis, régularisant la science, il était remonté à cet alphabet inconnu. Il en avait, à Sana, fait graver par un juif chaque lettre sur un petit cachet de cuivre.

Pour arriver là, il avait, comme Caillé dans son voyage à Tombouctou, non-seulement affronté des dangers dont on ne peut avoir l'idée, mais encore subi toutes les tortures que le peuple le plus fanatique de l'Orient peut faire subir à un *roumi*, c'est-à-dire à un chrétien. Il s'était fait le médecin des uns, le valet des autres. Pris plus d'une fois pour espion, surtout quand on le vit copier les inscriptions des ruines, il avait failli vingt fois être décapité, empalé, assassiné. L'imam de Sana l'avait exploité comme médecin, et lui avait fait traiter toute sa famille, puis, au lieu de lui ouvrir les chemins du Mareb, il lui avait suscité mille obstacles qu'Arnaud avait vaincus à force de courage et de ruse.

Les Arabes, qui ne peuvent pas comprendre notre curiosité pour les ruines, prennent chaque voyageur pour un chercheur de trésors. Selon eux, les Francs ne vont en Orient que pour fouiller la terre, profaner les tombeaux, piller le sol. Les Arabes distingués ont l'air de rire de ce préjugé populaire, et le partagent comme les autres, de sorte que le voyageur franc ne peut attendre de soutien d'aucune classe de la société, tandis qu'il trouve la persécution dans toutes.

A son retour, les chérifs des localités où il avait passé l'avaient exploité à leur tour, les uns en se servant de lui comme médecin, les autres en obtenant de lui des renseignements politiques. A Beït-el-Fakîh, il avait été retenu de force par le chérif Ali, malade d'une inflammation d'entrailles. Enfin il s'était échappé par ruse. Annonçant une excursion dans les montagnes, où il devait trouver des simples nécessaires à la guérison du chérif Ali, il avait mis son âne au galop, et avait fui à Hodeïda, distante de sept lieues de Beït-el-Fakîh.

Mais là il était sous la pression d'une crainte incessante : c'est que le chérif Ali, frère du chérif Husseïn, et par conséquent du chérif Abou-Taleb, ne le réclamât, et que le chérif Abou-Taleb ne fît droit à cette réclamation. On juge donc combien, en pareille circonstance, mon intermédiaire était chose importante pour Arnaud. Déjà il avait pu s'apercevoir du mauvais vouloir d'Abou-Taleb, et il s'attendait à tout moment à être arrêté.

Le vent était bon pour Djedda, où il voulait aller, puisqu'il était mauvais pour nous qui voulions aller à Moka ; eh bien ! quoique depuis trois jours il fît toutes sortes d'instances pour avoir une barque, il n'en pouvait venir à bout. Je le quittai en lui offrant ma bourse, dont il n'avait pas besoin, et ma protection près du chérif, qui lui était bien autrement nécessaire.

J'abordai franchement la question avec Abou-Taleb. Les soupçons d'Arnaud étaient parfaitement motivés. Abou-Taleb fut très-contrarié que mon intention parût être de me mêler de cette affaire.

— Tu connais donc le roumi ?
— Oui, lui répondis-je.

— Et tu t'y intéresses?

— C'est non-seulement un compatriote, mais un savant homme, mais un excellent homme.

— S'il est si savant, comment n'a-t-il pas guéri mon frère?

— Parce que ton frère n'a pas suivi ses ordonnances.

Il secoua la tête.

— Tiens, dit-il, ne me demande rien pour le roumi, je serais forcé de te refuser.

— Mais, enfin, pourquoi cela?

— Non-seulement mon frère n'a pas été guéri, mais encore il est mort.

— Mort?

— Oui, j'en reçois la nouvelle ce matin.

— *Maktoub!* c'était écrit, répondis-je.

Mais cet axiome du fatalisme ne consolait pas Abou-Taleb. Je vis qu'en tout cas mon temps serait mal choisi pour insister. Je me retirai, me promettant de revenir à la charge.

J'allai trouver Yusuf-Effendi, que les Arabes appelaient plus spéciale.nent Hadji-Yusuf. Par bonheur pour Arnaud, c'était l'homme le plus influent sur la population. Lui me montra la vérité sous son point de vue réel.

La position d'Arnaud était en effet très-mauvaise, plus mauvaise qu'il ne se l'imaginait lui-même, quoique, comme nous l'avons vu, il ne s'illusionnât pas. De tous côtés il y avait clameur publique contre lui. Pour justifier de moyens d'existence, il faisait tenir par son domestique une petite boutique au bazar. Cette petite boutique offrait pour deux ou trois cents francs de valeurs. La marchandise qui la meublait consistait en cire de l'Yémen, en allumettes chimiques, en cardes à carder la laine, en briquets, en sandales, en pierres à feu et autres babioles de ce genre. Or, le malheur voulut que sur ces entrefaites on signalât dans le faubourg d'Hodeïda sept ou huit incendies dont les causes restaient inconnues.

On sait ce que c'est que les incendies en Orient. Personne ne s'occupe d'éteindre; on ne songe qu'à sauver les effets les plus précieux, tandis que les femmes jettent des cris effroyables et sur un mode étrange et sauvage on ne peut plus saisissant, plus que saisissant, accablant. Rien ne peut donner en France une idée de ces maisons qui flambent, de ces femmes qui s'arrachent les cheveux en emportant leurs enfants comme *la Médée* de Delacroix, de toute cette population qui craignant que l'incendie ne gagne, ce que l'incendie ne manque jamais de faire, se jette tout en émoi hors des maisons, crie et hurle à son tour.

C'est un effroyable spectacle, un sabbat, une vue de l'enfer.

A ces cris des femmes, les hommes accourent, et, comme l'eau manque toujours, à coups de hache on tombe sur la première maison venue, pour l'abattre, et en l'abattant couper l'incendie. Alors les cris des propriétaires de la maison qu'on abat se mêlent aux cris des propriétaires des maisons qui brûlent. Or, on comprend que dans toute cette échauffourée, si l'on désigne quelqu'un, coupable ou non, ce quelqu'un, avant d'avoir pu placer un mot de justification, est d'abord mis en pièces.

Maintenant, voici ce qui arriva. Un jour qu'Arnaud était au bazar, un derviche, qui voulait s'éclairer le soir, mais qui ne voulait pas payer son éclairage, profita du privilége qu'ont les derviches, de tout prendre pour rien, et prit un paquet de bougies à la boutique d'Arnaud. Arnaud avait vu beaucoup de derviches dans sa vie, et les individus n'avaient pas gagné à l'étude de la masse; il connaissait leur hardiesse à s'imposer comme personnages saints, mais, n'ayant aucun motif de croire à leur sainteté, il était résolu à ne pas souffrir leur maraudage. Il en résulta qu'il réclama à son derviche le prix de son paquet de bougies.

Le derviche trouva la réclamation on ne peut plus impertinente. Il se mit à crier au sacrilége. Aux cris du derviche, la population s'amassa. Mais, avant qu'elle se fût amassée, Arnaud lui avait déjà caressé les épaules de quelques coups de canne. Ce traitement inouï ne calma point le voleur, mais au contraire l'exaspéra outre mesure. Une idée heureuse lui passa par l'esprit : c'était d'accuser Arnaud d'être l'incendiaire.

Arnaud allait tous les jours faire une petite promenade au faubourg, et là il était, comme partout, connu sous le nom de *roumi*.

A peine l'accusation fut-elle formulée contre lui, qu'il vit bien qu'il n'y avait pour lui d'autre salut que dans la fuite. De là à la maison de Yusuf-Effendi, il y avait au moins un quart de lieue. Il s'agissait pour un homme affaibli, presque aveugle, de gagner cet asile. Arnaud s'élança par les rues tortueuses qu'il connaissait heureusement, allant presque tous les jours au bazar. Mais hommes, femmes, enfants, chiens se mirent à sa poursuite. Les hommes vociféraient, les femmes criaient, les enfants piaillaient, les chiens aboyaient.

Les sandales d'Arnaud, qui ne sont pas la chaussure habituelle des Européens, retardaient sa marche. On n'osait l'assassiner, tout roumi qu'il fût, mais chacun lui jetait ce qu'il avait sous la main, celui-ci des bouteilles, celui-là des pierres; qui un vieux pot, qui des œufs. Ce fut une providence qu'il parvînt à gagner la maison de Yusuf-Effendi, où on le laissa entrer et dont il s'empressa de fermer la porte derrière lui.

Alors les cris redoublèrent. Plus de cinq mille personnes encombraient la place, demandant le roumi, le sacrilége, l'incendiaire. Par bonheur, Yusuf-Effendi n'était pas superstitieux et était brave. Il parut à la fenêtre, déclara qu'il connaissait Arnaud, que c'était un honnête homme et non pas un sacrilége et un incendiaire, qu'il le prenait en conséquence sous sa protection, et que quiconque le toucherait l'aurait frappé lui-même.

On insistait de la rue. Arnaud était décidé à se livrer pour ne pas compromettre son hôte. Mais celui-ci s'y opposa absolument, disant qu'il répondait de tout, et que dans une heure il n'y aurait pas une seule personne sur la place. En effet, à force de raisonnements, de supplications, de menaces, la place fut évacuée. Seulement, pendant ce temps, on pillait la boutique, et l'on mettait en morceaux les pauvres planches qui la composaient.

Le chérif, déjà mal disposé, comme on sait, contre

Arnaud, entendit tout ce bruit, s'informa et apprit ce qui s'était passé. Seulement il l'apprit, non pas au point de vue de la vérité, mais au point de vue de l'accusation. Il envoya des chaousses chez Yusuf-Effendi pour prendre Arnaud et l'amener au palais. Il n'y avait pas moyen de retenir Arnaud, mais Yusuf-Effendi l'accompagna.

Il fallut traverser une seconde fois une partie de la ville, de sorte que l'émeute, dispersée, se groupa de nouveau autour d'Arnaud et de Yusuf-Effendi. Ceux-ci entrèrent au palais. Toute la populace attendit. Elle ne doutait pas qu'Abou-Taleb ne lui donnât le roumi pour le pendre. Abou-Taleb, au fond du cœur, ne demandait pas mieux.

Hadji-Soliman était accouru chez moi, m'avait prévenu, amplifiant encore le danger, si c'était possible. J'accourus au palais. J'arrivai d'un côté, tandis que Yusuf-Effendi et Arnaud arrivaient de l'autre. Abou-Taleb fit conduire Arnaud devant lui et l'interrogea.

Pourquoi était-il venu en Égypte? Pourquoi était-il

venu dans l'Yémen? Pourquoi était-il allé dans le Mareb?

Arnaud répondit qu'il était venu en Égypte appelé par Méhémet-Ali, qui l'avait attaché en qualité de médecin à un de ses régiments; que lorsque Méhémet-Ali avait été obligé de quitter le Hedjaz et l'Yémen, il était resté et avait établi à Djedda un petit commerce; que son associé l'avait ruiné; qu'alors il avait résolu d'aller s'établir à Sana; qu'à Sana, n'ayant rien trouvé à faire, il était revenu pour retourner à Djedda, d'où, grâce à des amis qu'il avait dans cette ville, il espérait pouvoir gagner son pays, c'est-à-dire la France.

Ce furent ces derniers mots qui firent le plus d'effet sur Abou-Taleb. Les Français jouissent en Orient d'une certaine supériorité sur les autres Européens. Il savait combien le chérif Husseïn estimait les Français, et, en présence du jeune prince son fils, il hésitait à être tout à fait injuste envers Arnaud.

Il fut donc décidé qu'Arnaud resterait chez Yusuf-Effendi jusqu'au moment où l'on trouverait une occasion de lui faire gagner Djedda. De plus, comme

Yusuf-Effendi et moi lui avions raconté la science d'Arnaud, il résolut d'y avoir recours. Il le garda un instant près de lui, et lui demanda un remède contre un mal dont il était affecté. Arnaud était habitué à ces sortes de demandes. Il lui répondit qu'il lui confectionnerait des pilules et les lui enverrait le lendemain : ce fut ma pharmacie qui fournit les ingrédients nécessaires. Le lendemain, il lui porta les pilules lui-même; les pilules avaient besoin d'être accompagnées d'un régime sévère.

Le surlendemain, je me trouvai avec Abou-Taleb. Il me raconta la consultation, que je savais aussi bien que lui. Je renchéris sur toutes les recommandations d'Arnaud, lui assurant que, s'il voulait les suivre, il s'en trouverait à merveille. Abou-Taleb le promit.

Puisque nous avons raconté l'aventure d'Arnaud, suivons-le tout de suite jusqu'en France.

L'entrevue entre Arnaud et le chérif Abou-Taleb avait porté ses fruits. D'irrité que le prince était d'abord contre lui, il était passé à une apparence d'intérêt. Un mieux qui se manifesta dans la santé du chérif acheva de relever la cause du médecin franc.

Cependant, comme il n'y avait dans le port d'Hodeïda que des bâtiments allant dans le sens opposé à celui que devait suivre Arnaud, il fut forcé d'attendre. Ce fut un bonheur pour moi au reste. La fièvre dont j'avais failli mourir à Abou-Arich me reprit avec une effroyable violence. Arnaud accourut près de mon lit et me soigna. Comme j'ignorais pour combien de temps j'étais au lit, je priai les deux jeunes princes de ne pas se croire obligés de prendre racine à Hodeïda. En conséquence, ils se rendirent à mes instances et partirent pour Moka, afin de m'y précéder près de leur oncle, le chérif Heïder, qui nous attendait depuis plus d'un mois.

On ne peut se faire une idée du bien que fait au chevet d'un malade luttant avec la mort, à cinq ou six cents lieues de son pays, la présence d'un compatriote. Le désir de parler la langue maternelle devient alors un irrésistible besoin, et je suis convaincu que la moitié des voyageurs, morts loin de leur pays, sont morts de tristesse et d'isolement. Aujourd'hui encore, je me souviens de ces longues et douces causeries avec bonheur. La souffrance a disparu, mais le bien-être que répandait en moi cette voix consolatrice est aussi présent à ma pensée que si j'entendais encore Arnaud me parler de notre chère France. Je ne saurais comparer la sensation que j'éprouvais qu'à cette ravivante fraîcheur qui s'infiltre dans les veines d'un homme harassé de fatigue, au moment où il se plonge, à l'ombre de grands arbres, dans une eau fraîche, murmurante et limpide.

Mon indisposition dura une quinzaine de jours. Pendant ces quinze jours, Arnaud eut pour moi des soins fraternels, me servant le jour, passant auprès de moi ses nuits comme une garde-malade, et, au milieu de tout cela, me parlant de son voyage avec un enthousiasme que moi seul, qui connaissais sa froideur habituelle, pouvais comprendre, et que je compris si bien que la rage m'en prit à mon tour et que je le fis plus tard, à travers mille dangers, tout musulman que j'étais.

Enfin je me retrouvai sur pied, à la grande satisfaction d'Abou-Taleb. Pendant ma maladie, j'avais eu, par Yusuf-Effendi, des nouvelles d'Abou-Arich. Le chérif Husseïn n'avait point renoncé à l'espoir de me voir revenir à lui, et avait employé Yusuf-Effendi à cette négociation. Mais mon parti était parfaitement arrêté. J'étais pris d'une fièvre bien autrement ardente et irrésistible que celle que je venais de couper avec du sulfate de quinine : j'étais pris de la rage des voyages.

Lorsque je me trouvai assez bien pour partir, j'annonçai au chérif mon désir de me mettre en route et de rejoindre les deux jeunes princes dont nous avions appris l'heureuse arrivée à Moka. Cette fois, il était bien décidé que j'irais par terre, et, comme mes chevaux étaient partis pour Moka avec Mohammed, Abou-Taleb mit ses dromadaires a ma disposition.

Je partis le 15 mars, laissant à Hodeïda Arnaud en parfaite sûreté. Le chérif m'avait engagé sa parole qu'il le laisserait partir à la première occasion. Cette occasion se fit encore attendre dix ou douze jours après mon départ.

Enfin un petit bâtiment de la localité appareilla pour Djedda, et, sur la demande du chérif, donna passage à Arnaud, et à son âne et à ses inscriptions. Son âne et ses inscriptions, c'était tout ce qu'il avait sauvé du pillage de sa boutique. Il est vrai que, sur son estimation, le chérif lui avait fait rendre la valeur des objets volés, brisés ou gâtés. Mais Arnaud était tellement homme de conscience que, rendu maître des indemnités qui lui étaient dues, il avait tout estimé au-dessous plutôt qu'au-dessus de sa valeur.

La mer était mauvaise. Le boutre était un coureur, *saya*. Sa faiblesse l'empêchait de prendre la haute mer; il devait donc suivre les côtes, marcher plus lentement, et s'arrêter tous les soirs dans quelque crique, de peur de donner, dans les ténèbres, sur les récifs à fleur d'eau dont les côtes sont hérissées. Il mit dix jours à aller d'Hodeïda à Djedda. Là il trouva M. Fulgence Fresnel, le consul de France, qui l'attendait impatiemment. En effet, c'était presque sur les indications du pauvre Fresnel, cet admirable savant qui vient de mourir à Mossoul, après avoir rendu aux

Européens des services dont on ne peut se faire une idée en Europe, c'était, disons-nous, presque sur ses indications qu'Arnaud était parti.

Arnaud revenait et rapportait plus que n'avait espéré M. Fresnel, non-seulement sous le rapport de ses inscriptions et de son alphabet, mais encore au point de vue des renseignements statistiques de toute la contrée qu'il venait de parcourir, et que je fus étonné qu'il eût pu parcourir quand je repassai à peu près par les mêmes chemins que lui. Tout cela était si important au point de vue de l'archéologie et de la géographie pratique, que M. Fresnel en fit l'objet d'un rapport à l'Académie des inscriptions et belles-lettres, dont il était correspondant. Le rapport fut lu, à ce que je crois, par M. Mohl.

Quant à Arnaud, il était personnellement dans un état déplorable, et il fallait se hâter de le faire changer de climat. A Djedda, tous les moyens de guérison ayant échoué, il fut résolu qu'Arnaud partirait d'abord pour Alexandrie, puis pour la France, si le consul général le jugeait à propos.

M. Fresnel et ses amis de Djedda l'embarquèrent donc en le recommandant tout particulièrement au patron du boutre. Il avait en outre de M. Fresnel les lettres les plus pressantes pour le consul du Caire, qui était à cette époque M. Vattier de Bourville.

Au Caire, le mal continua d'empirer. On l'envoya à Alexandrie. Là, le consul général lui fit avoir son passage pour la France, et pourvut à tous ses besoins.

Arnaud débarqua à Marseille avec son âne. Quant à ses inscriptions et à son alphabet, ils étaient déjà à l'Académie. Il était des environs de Montpellier, je crois. Il regagna son pays, et retrouva sa famille. Alors tout alla de mieux en mieux, moral et physique.

L'Académie avait fait un rapport favorable. Son alphabet avait été imprimé à l'imprimerie royale, et ses inscriptions reproduites. Arnaud partit pour Paris. J'ignore comment l'âne y vint; mais ce que je sais, c'est que le Jardin des Plantes s'en enrichit. Je l'y ai vu, et je crois même qu'il y est encore. Assez bien accueilli, Arnaud resta deux ou trois mois à Paris.

On reconnut en lui un homme modeste qui avait énormément vu et qui cependant n'avait aucun orgueil. On lui donna une mission politique et commerciale dans les contrées qui avoisinent la mer Rouge. Arnaud repartit, et s'acquitta honorablement de sa mission.

En 1849, nous nous retrouvâmes à Paris, Arnaud, Wayssières et moi. Ils venaient rendre compte de tout ce qu'ils avaient fait, rapportant une magnifique collection de quadrupèdes, d'oiseaux, de coquillages et de végétaux.

A l'époque où nous nous retrouvâmes, ils étaient en querelle avec le Jardin des Plantes, qui, après avoir puisé à pleines mains dans leur collection, ne leur offrait pas, selon eux, un prix suffisant des objets choisis par messieurs les savants. Leur séjour cependant s'était prolongé au delà de leurs prévisions. Il en résulta qu'ils furent bientôt dans la nécessité de vendre à des particuliers, et à quelque prix que ce fût, les objets qu'ils avaient refusés au Jardin des Plantes, et que le Jardin des Plantes, au reste, racheta presque immédiatement de ceux qui s'en étaient rendus acquéreurs.

Je les laissai à Paris. Je partais pour Tunis avec l'intention de traverser l'Afrique, de la Méditerranée au cap de Bonne-Espérance. Je les avais quittés en leur souhaitant un succès qu'ils avaient, Dieu merci, largement mérité. Mais mon souhait ne leur porta point bonheur.

A mon retour en 1852, j'appris qu'Arnaud avait rejoint son frère à Médeah, où il habitait avec lui.

Et, en effet, tel est le sort des voyageurs, de ces missionnaires de la science qui, sans avoir le but céleste des missionnaires de la religion, ont si souvent la même fin qu'eux : le martyre.

Jetez les yeux sur les mers de l'Océanie, jetez les yeux sur les sables de l'Afrique! Cook est assassiné à Owyhee; La Peyrouse disparaît dans l'archipel Wanikoro; Levaillant ruine sa fortune et sa santé pour se voir nier toutes ses découvertes, même l'existence de la girafe; Mungo-Park cesse de donner de ses nouvelles aux environs de la ville de Boussa, et l'on n'en entend jamais reparler; Bruce engloutit sur le chemin des sources du Nil, vainement cherchées, sa fortune, amassée dans le commerce, et meurt fou; Caillé pénètre le premier jusqu'à Tombouctou; après dix ans de fatigues, d'obstacles, d'abandon, il revient en France, et meurt des suites d'une maladie rapportée d'Afrique; Oudney est mort de fièvre pernicieuse dans le Soudan; un des frères Lander tombe sur les rives du Niger, et ne se relève pas; le major Ling et Denham entrent en Nigritie, et n'en sortent plus; Richardson parvient jusqu'au lac Tchâd, et meurt; Sainte-Croix Pajot a sa tombe à Taës, Victor Jacquemont à Bombay, Hommaire de Hell à Ispahan; Maizans est torturé sur la côte du Zanguébar; Franklin est pris dans les glaces du pôle Nord; Bellot perd la vie en le cherchant; Arnaud vit misérablement près de son frère, sans lequel il ne vivrait plus.

On pourrait en citer cent autres encore. La liste est longue et douloureuse! Dieu fasse paix aux morts et donne courage aux vivants! Il faut que l'œuvre s'accomplisse, malgré l'ingratitude des contemporains et l'insouciance de la publicité.

Il y a des hommes qui voient et qui verront éternellement, la nuit, la colonne de feu ; le jour, la colonne de fumée, et qui la suivront, à travers tous les obstacles, jusqu'à cette terre promise et toujours donnée : la tombe !

Revenons à la route d'Hodeïda à Moka, sur laquelle, le 15 mars, je chemine avec les dromadaires d'Abou-Taleb. Une petite caravane de marchands, me voyant sous la protection immédiate du chérif, s'était adjointe à moi. Comme toujours, nous partîmes le soir, suivant la direction de Beït-el-Fakîh.

Après avoir quitté le Rabat, qui s'étend de ce côté, et qui ne se compose que d'une longue rue, siége d'un marché plus important que celui de la ville, attendu que les marchands n'ont pas de droits à payer, nous entrâmes dans une vaste plaine, ou plutôt dans un immense maquis couvert de nabaks et de mimosas.

Le lieu est célèbre par les assassinats qui y ont eu lieu à plusieurs époques. C'est à l'Yémen ce que Viterbe est à la route de Rome. Il est rare qu'une caravane y passe sans avoir un coup de fusil à faire. Au reste, nous étions prévenus. Le chérif Abou-Taleb m'avait donné une escorte de quinze hommes ; notre caravane se composait d'une vingtaine de marchands ; nous étions bien armés et nous tenions sur nos gardes.

On ne pouvait marcher qu'un à un, mais dans un sentier parfaitement tracé. En certains endroits, nos dromadaires traversaient des mares d'eau, résultat d'un grand orage qui avait éclaté la veille. Au fur et à mesure que nous nous éloignions, la nuit s'épaississait, et l'on entendait le bruit des vagues qui allait s'éteignant.

Il était rare que l'on fît un quart de lieue sans que l'on rencontrât quelque tas de pierres indiquant une sépulture. Ces tumuli vont toujours s'augmentant, chaque passant regardant comme devoir religieux d'y jeter son caillou. On peut, d'après la hauteur de ces tumuli, calculer l'époque de l'assassinat.

Presque toujours, près de ces sépultures sauvages,

s'élève un petit arbre couvert de chiffons bariolés, qui prend sous ce bariolage l'aspect d'un arbre de mai.

Ce sont les offrandes funèbres des femmes, qui déchirent un morceau de leur chemise, de leur jupe, de leur voile, pour le déposer sur l'autel de la mort.

L'histoire des malheureux qui dormaient sur notre route étant connue, les hommes de notre escorte se disaient entre eux, ou nous disaient à nous :

— C'est là qu'a été assassiné un tel.

Puis venait la cause de la mort. La cause la plus fréquente était le vol. Mais, outre le vol, il y avait les rixes particulières; puis la jalousie.

Toutes sortes de préjugés se rapportent aux tombes des assassinés. A certaines heures de la nuit, les spectres en sortent, les fantômes s'en échappent. Il y a peu d'Arabes qui ne vous disent, de la meilleure foi du monde, qu'ils ont vu des revenants ou des djinn. Un individu qui sifflerait la nuit dans un pareil endroit serait à l'instant même soupçonné d'évoquer les morts ou d'appeler le diable; on lui imposerait silence aussitôt.

V

Nous ne pouvions, bien que nos montures fussent des dromadaires de course, qu'aller au petit pas. Pour que le dromadaire marche vite, il lui faut non-seulement l'espace devant lui, mais encore l'espace à ses côtés.

De temps à autre, notre caravane grossissait. Un homme à cheval ou à dromadaire apparaissait tout à coup, sans que l'on sût d'où il sortait, suivait le même chemin que nous pendant dix minutes ou un quart d'heure, échangeait quelques mots avec les soldats de notre escorte, et disparaissait tout à coup aussi inopinément qu'il avait paru.

Ces hommes, qui tous s'approchaient de nous avec une raison de s'approcher, étaient évidemment des éclaireurs. Mais il n'y avait rien à leur dire; ils avaient leur prétexte. Il est vrai qu'ils n'en avaient pas pour nous quitter; mais, quand ils nous avaient quittés, il n'était plus temps de leur chercher querelle.

Le *naïb,* lieutenant, qui commandait l'escorte, était un homme aussi brave qu'intelligent, et qui avait l'habitude de ces courses. — Il se nommait Ali. — Le naïb nous mettait sur nos gardes et nous engageait à amorcer nos armes. Cette invitation s'adressait particulièrement aux Arabes. Ceux-ci, ayant des fusils à mèche, allument d'ordinaire leur mèche à mesure qu'ils amorcent. Les Arabes, avons-nous déjà dit, je crois, portent ces mèches en turban. Elles sont tressées dans le genre des fouets et faites d'une écorce d'arbre qui correspond à l'amadou. Selon qu'ils en ont besoin, ils en coupent un bout plus ou moins long.

On comprend les accidents qui arrivent avec ces sortes d'armes. Le plus fréquent, c'est que le fusil parte sans que l'homme le veuille. Le plus souvent il arrive alors qu'il tue ou blesse un chameau ou un homme de la caravane.

Nos hommes, prévenus, amorcèrent donc leurs fusils et allumèrent leurs mèches. Au bout de quelques instants après cette précaution prise, Ali me dit :

— Je te laisse le commandement de mes hommes, et vais me porter en avant; je crois que nous approchons d'un mauvais passage, et, selon toute probabilité, nous allons avoir quelque chose à débattre.

Je lui fis observer qu'il était fort imprudent à lui, qu'à son costume on reconnaissait pour un officier du chérif, de faire ainsi une pointe sans personne pour le soutenir.

Mais il me répondit :

— Dans la situation où nous sommes, ce qu'il y a de plus prudent, c'est la témérité.

Il prit aussitôt les devants, et en quelques secondes disparut dans l'obscurité. Au bout d'un quart d'heure, nous entendîmes un coup de fusil. Un autre suivit immédiatement. Il était évident qu'on avait tiré sur Ali et qu'il avait répondu au feu en rendant coup pour coup.

Dans la nuit, dans un lieu désert, dans les circonstances où nous nous trouvions, le bruit d'une arme à feu a son écho dans le cœur.

Nous accélérâmes la marche. Nous arrivâmes dans une espèce de carrefour que l'on appelle *Assel* (le Vieux). Là, nous vîmes Ali qui se débattait entre cinq ou six Bédouins, à dromadaire comme lui. Ceux qui l'attaquaient avaient le visage noirci pour ne pas être reconnus. Ali était démonté et blessé. A côté de lui, sur l'herbe, gisait un cadavre déjà dépouillé de tous ses vêtements. Nous arrivâmes au galop sur eux.

Les brigands, à notre vue, prirent la fuite, essayant d'entraîner Ali avec eux. Plusieurs coups de fusil partirent dans les ténèbres. Portèrent-ils? j'en doute; on tirait plutôt sur des ombres que sur des hommes. Nous entendions leurs cris. Ils s'encourageaient à tuer Ali, que l'un d'entre eux avait mis devant lui sur son dromadaire. Mais Ali n'était pas homme à se laisser tuer comme cela. Il avait tiré son poignard et continuait de lutter. Je laissai huit hommes à la garde des bagages. Avec le reste de l'escorte et cinq ou six hommes de bonne volonté, je me mis à la poursuite des fuyards. Seulement les localités leur étaient plus familières qu'à moi. Ils avaient sur nous le double avantage de la connaissance des lieux et de l'obscurité.

Deux des nègres de l'escorte avaient remarqué celui des Arabes qui emportait Ali. Leurs yeux habitués à l'obscurité avaient vu la lutte des deux hommes. Les deux nègres se mirent spécialement à la poursuite du Bédouin, qu'ils supposaient emporter leur chef. Ils l'atteignirent, l'attaquèrent, le firent prisonnier et, triomphants, le ramenèrent avec Ali. Les autres se battaient dans plusieurs directions.

On entendait les coups de fusil, qui allaient toujours s'éloignant, preuve que les voleurs continuaient de fuir. Sans nous préoccuper du mort, nous continuâmes notre route vers Drehmi ; nous étions trop éloignés d'Hodeïda pour y retourner.

L'état d'Ali nécessitait de prompts secours. Il avait le bras droit cassé par une balle et un coup de lance au-dessous de l'omoplate. Le mieux était donc, comme je l'ai dit, de gagner le prochain village. Après le maquis, venaient un pays de dunes et le lit d'un torrent nommé Wadi-Abassi. De l'autre côté du torrent est un de ces cafés solitaires dont j'ai parlé. Celui-ci se nommait Abassi, comme le torrent. Nous nous y arrêtâmes pour donner le temps à la caravane de nous rejoindre, et à ceux de nos compagnons qui s'étaient mis à la poursuite des Bédouins de nous rallier. Il était environ minuit lorsque nous mîmes pied à terre à la porte du café. Nous nous groupâmes, tout transis, autour d'un énorme feu.

Nous descendîmes Ali, qui souffrait affreusement. Par malheur, je n'avais rien sous la main que du linge, de l'eau et du sel. J'avais bien mes lancettes; mais comme, par la nature des blessures, il n'y avait point d'épanchement à craindre, il était inutile de le saigner.

La balle avait traversé le bras; il n'y avait donc pas d'extraction à faire. Je fis des clavettes avec des branches de palmier. Je les réunis côte à côte avec des cordes, et lui en enveloppai le bras, après l'avoir remis, et avoir le mieux possible enlevé les esquilles. J'appliquai de la charpie à la double plaie, et je lui bandai le bras

Quant au coup de lance, c'était une simple blessure. Elle était douloureuse en ce qu'elle était au défaut de l'épaule, mais elle ne présentait aucun danger.

Arrivé au carrefour où nous l'avions rejoint, il avait été attaqué par cinq ou six hommes, dont l'un lui avait tiré le coup de fusil qui lui avait cassé le bras et fait tomber son arme. Mais avec la main gauche il avait tiré un pistolet de sa ceinture et avait tué son adversaire. Tous alors s'étaient rués sur lui. Il allait succomber sous le nombre lorsque nous étions arrivés.

Nous restâmes trois heures à Abassi. Pendant ces trois heures, la caravane et la portion de l'escorte laissée à la poursuite des fuyards nous rallièrent. Nos hommes avaient fait un nouveau captif et repris le dromadaire d'Ali; mais il manquait deux hommes à l'appel. On essaya de les rallier par des coups de fusil tirés en l'air; personne ne répondit. Plus tard, on retrouva les deux cadavres ayant la tête détachée du tronc et placée entre les jambes. Ces cadavres étaient à moitié dévorés par les hyènes et les chacals.

Vers trois heures du matin, nous nous remîmes en route. Au point du jour, nous nous trouvâmes dans un pays d'agriculture, plein d'accidents de terrain. Çà et là se groupaient des huttes, des bandes de moutons, des troupes de chameaux. De place en place blanchissaient des coupoles de marabouts, tombeaux de chefs ou de santons. Chacun de ces tombeaux est une espèce d'asile de bienfaisance gardé par quelque parent du mort, et à défaut par un agent délégué de la famille. Le voyageur, en échange de sa prière pour le mort, y trouve un asile et de quoi apaiser sa faim, étancher sa soif. Quelques-unes de ces sépultures sont des fondations de gens riches, bâties en l'honneur de tel ou tel saint. Pendant trois jours, les voyageurs peuvent y rester. Il y a dans l'Yémen des gens qui parcourent d'énormes distances sans rien dépenser, logeant de tombeaux en tombeaux, et passant d'un saint chez l'autre.

Nous laissâmes le village de Drehmi, que nous avons déjà nommé, à notre droite, l'intention d'Ali étant de ne s'arrêter qu'à Beït-el-Fakîh. Le pays devenait de plus en plus pittoresque, de plus en plus riant, de plus en plus peuplé. La population y était belle et paraissait heureuse. De charmantes filles aux yeux de gazelle venaient à nous en souriant, nous offraient du lait avec leurs bras nus ornés de bracelets. Des fellahs traçaient des sillons avec cette charrue primitive qui, depuis Abraham, n'a pas dû changer de forme. On eût dit qu'on entrait dans un de ces pays fabuleux dont parlent les poëtes et qui n'ont point de portes pour le péché et la mort.

Vers midi, nous entrâmes à Beït-el-Fakîh. Beït-el-Fakîh, ou la maison du savant, est une charmante petite ville d'une lieue de tour à peu près, bâtie en amphithéâtre sur le penchant d'une colline, ombragée par les verts panaches des bananiers, des mangliers et des cocotiers. Ce fut là que, pour la première fois depuis que j'étais dans l'Yémen, je rencontrai ce dernier arbre, si précieux pour les pays où la Providence l'a semé.

Beït-el-Fakîh est arrosé par un torrent qui porte le titre de Wadi-Gawa, torrent du café. En effet, par cette ville passe comme un inépuisable torrent tout le café de l'Yémen. Sa situation géographique est de 14°29 de latitude nord, et de 40°44 longitude est. Elle doit son origine à un saint sunnite nommé Ahmed-Ibn-Mussa, Ahmed, fils de Moïse. Il est enterré hors de la ville, sous un dôme d'un élégant travail. Il s'y fait des pèlerinages, et l'on jure par lui, au détriment des noms de Mohammed et d'Allah. Le blé, la canne à sucre, le café, le coton, le millet, le maïs, le lin, le chanvre, l'indigo, le pavot y réussissent à merveille. On y voit d'immenses champs de rosiers dont on recueille la fleur pour faire de l'essence. Plusieurs puissances européennes y ont des résidences. Tous les commerçants en café du Maroc, de l'Égypte, de la Syrie, de Mascate, de Bassora, d'Ispahan, de Bombay et de Chandernagor s'y donnaient rendez-vous. Il y en avait de très-riches. J'ai connu cinq ou six millionnaires dans cette ville, peuplée de quinze mille âmes tout au plus.

La population se compose d'Arabes d'abord, puis de banians, puis de juifs. Elle offre des constructions qui datent de l'époque de la plus belle architecture arabe, et est dominée par une immense citadelle, que l'on croirait bâtie par un seigneur féodal du moyen âge. Cette citadelle avait servi de demeure, pendant tout le temps de son gouvernement, au chérif Ali. Il venait de mourir, comme nous l'avons dit, et avait été remplacé par le chérif Amr, son neveu, jeune homme de vingt-cinq ans à peine.

Dans cette citadelle, outre la famille d'Ali et celle du nouveau chérif, outre les femmes, les esclaves, la garnison, logent encore, occupant le rez-de-chaussée, dans des bouges fermés de grilles, cinq ou six cents forçats, enchaînés, non pas comme chez nous avec des chaînes, mais attachés l'un à l'autre avec des barres de fer. Au moment où nous passâmes près d'eux, ils nous tendirent les mains en nous demandant du pain et du tabac. La plupart de ces malheureux n'avaient commis d'autre crime que d'avoir déplu à plus puissant qu'eux.

Je vis, en me rendant à la citadelle, — car nous allions loger chez le chérif, — plusieurs délicieuses fontaines ombragées par des noyers, des cyprès et des tamarins. On peut, ou sucer un petit tube en cuivre, ou boire dans une sébile enchaînée à l'urne qui contient l'eau. Presque toutes ces fontaines étaient ornées d'inscriptions. L'eau en était délicieuse.

A droite et à gauche, je laissai aussi sur mon chemin de très-belles mosquées, dont une seule avait un minaret. Les savants du pays prétendent que ces mosquées datent des premières années de l'islamisme. D'autres, les trouvant encore trop modernes, les font remonter jusqu'à Abraham.

Quant à la ville, du moment où ses mosquées remontent à Abraham, on comprend que son origine, à elle, se perd dans la nuit des temps. Ce qu'il y a de certain, c'est qu'au septième siècle elle fut témoin d'un combat avec des tribus païennes. Ali resta vainqueur.

Une autre légende dit qu'à cette époque une seule maison, la première, était bâtie; c'était la maison d'un écrivain dont l'industrie se bornait à copier le Koran. De là vient le nom de *maison du savant*.

Cette maison, à ce que l'on prétend, existe encore. On me la fit voir. C'est un lieu révéré par tout le pays. Les pieux musulmans y portent des offrandes. Et il s'est trouvé, malgré près de douze siècles écoulés, des descendants de l'écrivain pour les recevoir et en profiter.

Les rues, comme celles du Caire, sont étroites et tortueuses, bâties contre le jour et la chaleur. Celles qui sont un peu larges sont recouvertes avec des nattes. Chaque maison a un ou deux étages, sa terrasse, son jardin; chaque jardin a son petit kiosque en jonc.

Les habitants sont peut-être les plus hospitaliers de tout l'Yémen, et sont doués d'une distinction particulière. J'y trouvai plus d'abandon social que partout ailleurs.

Nous avons parlé du grand commerce de café qui se fait à Beïh-el-Fakih. De Beïh-el-Fakih seul il est exporté de trente-cinq à quarante mille sacs, chaque sac contenant de soixante-quinze à quatre-vingts livres. Disons quelques mots de l'arbuste qui le produit.

De même qu'au delà de Valence, et en approchant de Mornas, on commence à voir des oliviers, de même, au delà d'Abassi et à une demi-lieue à peu près de Beïh-el-Fakîh, on rencontre les premiers plants de café. Plus on s'élève dans la montagne de Hadie, plus leur importance augmente. C'est un immense travail que la culture du café, et qui rappelle en même temps la culture du raisin aux bords du Rhin et celle des pêches à Montreuil. Elle se fait par terrasses superposées les unes aux autres et soutenues par des espèces de dalles.

Au-dessus de la plantation s'étend un réservoir qu'on remplit par toutes sortes de moyens plus ingénieux les uns que les autres, et qui, en laissant échapper l'eau, produit une irrigation par petites cascades, laquelle, reçue dans de petites rigoles, s'infiltre jusqu'aux racines.

Rien n'est ravissant comme une plantation de café en fleur, et rien n'est pittoresque comme ces montagnes, chauves à leur sommet, mais chevelues, verdoyantes et embaumées à leur base.

La récolte donne lieu à des fêtes pareilles à celles des vendanges chez nous. Le chef du pays donne le signal, et chacun se met à l'œuvre, en secouant d'abord le caféier, qui laisse échapper son fruit mûr, comme le chêne le gland, comme le hêtre la faîne. Le café qui tombe naturellement avant la secousse, et que l'on ramasse comme chez nous la châtaigne, est le meilleur. Celui-là est encaissé séparément. Il se vend comme fleur de café. Puis vient celui qui tombe à la secousse et qui forme la seconde qualité. Puis enfin vient celui qu'on arrache sur l'arbre, et qui est le moins bon de tous, ne pouvant jamais se débarrasser d'un goût de vert. C'est celui qu'on donne ou vend à tout le monde. Mais l'autre, la première qualité, il faut bien le dire, vient rarement en Europe. Il est accaparé par le sultan, le pacha d'Égypte et les grands du pays. La seconde qualité est déjà plus facile à exporter. C'est celle qui passe chez nous pour être la première.

Maintenant il existe dans les qualités de café ce qui existe dans les qualités de vin. Tel cru est supérieur à tel autre, comme tel champagne ou tel bordeaux est supérieur à tel autre. Cela tient à l'exposition.

Le chérif Amr nous attendait. Il était venu à notre rencontre à quelques centaines de pas de sa citadelle, située à l'est de la ville. Il connaissait mon ancienne position auprès de son oncle Hussein, et il m'accueillit comme si je l'occupais encore. D'ailleurs il m'avait vu précédé par les deux chérifs ses cousins, et cela lui avait donné une haute idée de mon importance. Le soir, après le coucher du soleil, nous eûmes la musique militaire. Allah, quelle musique !

Le lendemain soir, après avoir séjourné trente-six heures à Beïh-el-Fakîh, nous partîmes, laissant notre blessé chez le chérif. Je lui avais remis une certaine somme pour se faire soigner par le médecin du pays. J'ignore ce qu'est devenu ce pauvre diable.

Le chérif nous avait donné une nouvelle escorte. En sortant de Beïh-el-Fakîh, nous appuyâmes au sud et prîmes la route de Zébid. La distance qui sépare les deux villes est un désert de douze lieues, peuplé seulement de quelques hameaux.

L'espace était devant nous. Nous pûmes donc marcher plus rapidement que nous ne l'avions fait jusqu'alors. A onze heures du soir, nous campions à Arbajin, petit hameau de sept ou huit huttes. Tout cela vit de ses troupeaux, qui vivent eux-mêmes en cherchant leur pâturage partout où ils le trouvent. Les pâtres suivent les animaux, abandonnant leurs huttes à ceux qui viennent après eux.

Arbajin se trouve à cheval sur un torrent, sec l'été, bondissant l'hiver, et se perdant sous les sables, pour aller reparaître plus loin et se jeter dans la mer. C'est dans le lit de ce torrent, tout planté de lauriers roses, que les troupeaux vont paissant et trouvent leur nourriture.

A une heure du matin, nous nous remîmes en route. Aux premières lueurs du jour, nous eûmes devant nous des troupeaux de gazelles qui venaient pour brouter, et qui, tout en broutant, se mêlaient aux troupeaux. Les bergers parviennent parfois à les faire environner par leurs moutons et à les prendre toutes vivantes.

Là, je rencontrai un oiseau que je retrouvai plus tard en Afrique; les Arabes lui donnent un nom qui correspond à celui de *gammier*, sa voix donnant tous les tons de la gamme.

De place en place nous faisions lever de petits lièvres; quelquefois des chacals s'élançaient à leur poursuite en aboyant, comme font chez nous les renards. Je tuai deux ou trois de ces petits lièvres, quoique les Arabes n'en mangent point, mais Sélim et moi nous les mangeâmes. Nous n'avions pas pu joindre les gazelles.

Nous déjeunâmes vers les huit heures du matin, en faisant halte à un charmant village nommé El-Mahad. L'hospitalité nous était donnée par le cheik et les notables du pays. Cette hospitalité coûta la vie à deux ou trois moutons et à une vingtaine de poules.

J'ai dit que nous avions mangé nos lièvres, mais j'ai oublié de dire que nous avions été obligés de les dépouiller et de les faire cuire nous-mêmes. Les femmes refusèrent absolument d'y toucher.

A l'heure habituelle, nous repartîmes. Nous n'avions plus qu'une étape pour arriver à Zébid. Vers la fin de la journée, nous commençâmes à voir briller au soleil couchant les minarets de la ville recouverts en tuiles vernies. La ville, aussi blanche que de la craie, s'apercevait de loin. C'est au reste l'habitude des Arabes de blanchir leurs monuments à la chaux après le Ramadan.

Nous entrâmes à Zébid à la nuit fermée. Mais des cavaliers étaient partis d'avance pour prévenir le chérif Salêh. Le chérif Salêh était neveu d'Hussein; nous ne cessions donc pas d'être en famille. Bien qu'il fît complétement nuit, le chérif n'en vint pas moins nous recevoir à la porte de la ville et nous conduisit à sa forteresse.

Zébid est une ville scientifique. Elle renferme une université musulmane où l'on apprend le Coran, les mathématiques, l'astronomie et la médecine. Il y vient des élèves de tous les pays musulmans, nubiens, africains, égyptiens, turcs, naturels du Zanguébar, habitants de Mascate. Il en sort des tolbas, des muftis et des imams.

Lorsque nous arrivâmes à Zébid, les murs qui formaient l'ancienne enceinte de la ville étaient en partie écroulés, et il n'y avait plus de fortifications sérieuses que la citadelle. Comme à Beïh-el-Fakih, les rues sont rafraîchies par des fontaines alimentées par un torrent qui déborde à une époque, et devient alors presque aussi large que le Nil. Il fertilise une vingtaine de petits villages qui forment le district de Zébid. Comme le Nil, il fertilise tout ce qu'il arrose, mais, comme le Nil, il est limité par le désert.

Les meilleurs chevaux de la contrée, les ânes les plus forts et les plus patients de l'Yémen, les mules les plus fermes et les plus sûres de toute l'Arabie, se trouvent à Zébid.

Les cimetières sont remarquables par leurs magnifiques cyprès et leurs énormes tamarix, autour desquels s'enroulent des lianes et des vignes qui courent d'un arbre à l'autre comme d'interminables serpents.

Zébid est la plus vaste des villes du Théama, et celle qui s'offre aux voyageurs sous l'aspect le plus pittoresque. Les rues, contre l'ordinaire des rues arabes, sont propres comme les rues européennes. Elle a eu huit portes, dont pas une n'est restée debout. Ce sont les Turcs qui, sous Sinan-Pacha, l'ont réduite à l'état où elle se trouve.

Il existe près de la ville les restes d'un ancien aqueduc. Sans doute autrefois amenait-il l'eau des montagnes. Qui l'a bâti? C'est le secret des temps écoulés. L'année qui avait précédé mon passage à Zébid, la ville avait été complétement inondée.

La population est d'à peu près dix mille âmes, la même, au reste, comme composition, que celle de Beïh-el-Fakîh. Tous les Zébidites se livrent ou au commerce ou à l'agriculture. Les meilleurs melons, les meilleures pastèques et les meilleurs raisins que j'aie mangés de ma vie, je les ai mangés à Zébid. Il en est de même des mandarines et des grenades. Une singularité de certains raisins du pays est de n'avoir pas de pépins. La fameuse grappe rapportée de la terre promise devait avoir poussé sur un plant tiré de Zébid. J'y ai vu des grappes de raisin qui pesaient jusqu'à vingt-cinq et trente livres.

Comme à Beïh-el-Fakîh, la population est bienveillante, hospitalière, peu fanatique. Elle se partage en plusieurs sectes. La majorité est sunnite. On y rencontre quelques Chafaïtes ; le reste est Zeïdiyé. Le Zeïdisme est la religion de l'État.

La réception fut la même qu'à Beïh-el-Fakîh, toujours cérémonieuse et prévenante. On sentait qu'une grande puissance, respectée partout, nous couvrait de son aile.

Nous repartîmes le lendemain soir avec une nouvelle escorte, chacun de nous emportant de la farine, des dattes et de l'eau, attendu l'espace désert que nous avions à traverser de Zébid à Tâes. Nous marchâmes toute la nuit. Vers les onze heures, nous nous croisâmes avec une forte caravane venant de Moka. On se hèle dans le désert comme sur l'océan. Nous prîmes langue, et nous sûmes que la caravane se rendait à Sâad. Les questions faites franchement de nuit ou de jour obtiennent toujours des réponses franches. Il n'y a pas d'exemple qu'en pareille occasion on ait été trompé. Quand deux caravanes se déclarent la guerre, elles s'envoient des hérauts avant de commencer les hostilités.

Vers minuit, nous traversâmes un vaste torrent qui a nom d'*Wadi-Scherdsj*. Il y avait de l'eau jusqu'aux genoux de nos chameaux. Beaucoup d'oiseaux aquatiques, éveillés par le bruit que nous faisions en le traversant, partirent du milieu des lauriers roses. Autant que nous en pûmes juger, ses rives étaient fertiles.

Les hurlements de nombreux chiens nous annoncèrent, vers deux heures du matin, la présence de populations, et quelques feux nous indiquèrent la place où elles se trouvaient momentanément. Nous nous dirigeâmes vers ces feux, en ayant bien soin de contourner les huttes de manière à ne pas avoir l'indiscrétion de nous trouver devant leurs portes.

Nous avions affaire à de riches propriétaires. Tout autour du campement s'étendaient de nombreux troupeaux de moutons, d'ânes et de chameaux. Notre approche les avait éveillés, et ils s'étaient mis sur la défensive. Un des leurs s'avança vers nous pour savoir qui nous étions. De son côté, le naïb qui commandait notre escorte alla à sa rencontre. Après avoir échangé quelques paroles et s'être reconnus, chacun retourna vers les siens, le messager leur reportant qui nous étions et notre naïb nous disant que nous pouvions avancer. Les chiens seuls ne nous donnaient cette permission qu'en grognant.

Nous trouvâmes tout le monde sur pied, hommes, femmes et enfants. Les femmes firent accroupir nos chameaux, et les notables nous reçurent à la descente de nos selles.

Un petit cri, modulé d'une certaine façon, suffit pour faire accroupir le dromadaire. On se trouve alors sur une pente de soixante à soixante-cinq degrés. Il faut s'y faire, mais on ne s'y fait qu'après avoir sauté plusieurs fois par-dessus la tête de l'animal.

Les chameaux mal dressés crient en s'accroupissant. Ce cri a deux inconvénients graves. Le premier, c'est qu'il est horriblement désagréable; le second, c'est qu'il prévient les Arabes voleurs de votre présence. Il en résulte que les dromadaires et les chameaux qui n'ont point cet inconvénient valent un tiers de plus que les autres.

Une fois accroupis, on leur lie les deux genoux afin qu'ils ne puissent pas se relever, on leur jette de la paille ou on leur donne des dattes avec de l'orge. Comme le bœuf, le chameau rumine toute la nuit.

Nous étions gelés. On jeta de nouvelles broussailles sur le feu et nous nous réchauffâmes. Puis on nous offrit du miel arrosé de beurre, et du pain frais. Je me contentai d'un morceau de pain que je trempai dans du lait de chamelle. La confiance un peu établie, on parla politique. La conversation politique des Arabes roule toujours sur les impôts qui les écrasent, sur le fisc qui les ruine.

On sut que j'étais médecin. En un instant, j'eus une magnifique clientèle. Qui dit médecin, dit sorcier. Les uns me demandaient des consultations, les autres des philtres. On m'amena un lépreux. Le malheureux était atteint d'éléphantiasis. On m'amena des aveugles. Je n'étais ni prophète ni apôtre pour les guérir.

Les jeunes filles étaient superbes. Ces Arabes nomades sont en général de merveilleuses créatures. Et cependant, il y avait dans tout cela plus de malades que de bien portants. Les maladies ordinaires sont des ophthalmies, des lèpres, des plaies invétérées, surtout ce ver (*dragonneau* ou *fertyt*) qui vient dans les articulations et que l'on roule sur une allumette.

A quatre heures du matin, malgré leurs instances, nous prîmes congé de nos hôtes, lesquels nous accompagnèrent, les hommes, bien entendu, pendant près d'une demi-lieue, en nous souhaitant toutes sortes de prospérités. Cette tribu était toute primitive; c'était la famille antique comme la raconte la Bible. On sentait que, moralement du moins, elle n'était point encore gâtée par le contact de l'étranger.

VI

Vers les onze heures, quoique nous fussions en mars, la chaleur devint insupportable. Cependant, comme nous approchions de Taës, nous ne voulûmes point faire halte. Une heure après, nous entrions dans cette petite ville, bâtie sur le versant d'une montagne.

Elle est dominée par sa citadelle, où réside un chérif, toujours parent à un degré plus ou moins éloigné d'Husseïn. C'est à Taës que l'on trouve la poterie dont on fait les petites tasses à café que l'on nomme *fingals*.

Nous étions au milieu de plaines arrosées par de petits torrents qui descendent des montagnes, de sorte que nous avions des récoltes de toute espèce autour de nous. La population est d'un millier d'âmes. Nous logeâmes chez le chérif, qui me fit voir avec orgueil sur son fort douze belles pièces de canon en bronze qui appartenaient au chérif Husseïn. Ces beaux canons avaient été enterrés et abandonnés par les Turcs ; mais Husseïn avait flairé la cachette et les avait tirés de terre, placés sur leurs affûts, et tournés du côté du territoire de Sana, dont Tâës est ville limitrophe.

La ville est sans murailles et sans portes ; mais la citadelle est assez forte pour la défendre, et les canons peuvent porter par-dessus elle.

Le même soir, nous nous remîmes en route dans la direction de la mer. Les montagnes nous forcèrent d'obliquer. Toute la nuit fut employée à traverser un désert très-tourmenté par le labour de torrents qui renaissent et se déplacent à chaque saison de pluie, se précipitant des montagnes et roulant avec eux vers la mer d'énormes blocs de rochers.

A la première vue, au reste, le pays ne semble pas aussi aride qu'il l'est en effet. Il y a des espèces de lacs d'herbe si drue que, même affamés, les animaux ne la mangent qu'à grand'peine. Ces lacs d'herbes sont habités par des pintades, des perdrix, des poules de Numidie, des lièvres et des chacals. Les vipères cornues y abondent ; nous les entendions glisser entre les pieds de nos chameaux. Par bonheur, aucun ne fut frappé.

Vers la moitié de notre route, nous tombâmes au milieu d'une tribu de bohémiens, sans tentes, sans huttes, sans abri, ayant seulement quelques maigres animaux pour porter leurs bagages. Ils étaient couchés autour de grands feux. L'industrie de ces misérables, comme lorsqu'ils traversent nos pays de l'Ouest et du Nord, est de dire la bonne aventure, de préparer des philtres, de tresser des couffes et de sculpter des cuillers en bois. Quand l'occasion s'en présente, ils volent. C'est pour eux qu'a été fait le proverbe : « L'occasion fait le larron. » Les femmes étaient magnifiques, mais couvertes de haillons et de vermine.

Là, comme en Europe, l'opinion publique les poursuit. Les Arabes les appellent *Djngali ;* nous en avons fait *Zingari.*

Ils furent très-effrayés en nous apercevant. Nous, de notre côté, voyant des feux de loin, nous avions cru avoir affaire à des Arabes nomades. Aussi fûmes-nous tout désappointés, reconnaissance faite. Nous ne nous arrêtâmes que le temps de laisser souffler nos animaux, les yeux sur nos bagages, nos mains sur nos poches.

Vers neuf heures du matin, nous arrivâmes à un grand village que l'on appelle Muschid. Il s'offre au voyageur qui vient des montagnes sous un aspect charmant, perdu qu'il est à moitié dans une forêt de palmiers.

Dès le point du jour, nous avions vu à l'horizon la ligne argentée de la mer dont nous nous rapprochions.

On distinguait sur cette ligne quelques bâtiments filant vers le nord.

Nous mîmes pied à terre près d'un immense caravansérail construit en jonc et en bambous. Ce caravansérail formait un dôme immense, grand comme la coupole de Sainte-Sophie de Constantinople. Tout autour de ses parois extérieures étaient ménagées des niches au nombre de cent peut-être. Chaque niche servait de logement à un marchand. L'intérieur était soutenu par des troncs de palmier, et, grâce à la légèreté de la toiture, toute la charpente était d'une élégance et d'une délicatesse féeriques, et cependant assez solide pour avoir supporté depuis vingt ans peut-être la colère du simoûn et les averses tropicales. Toutes les marchandises étaient sous la sauvegarde du maître du caravansérail, sur lequel le cheik exerçait une surveillance très-active.

A la porte du caravansérail se trouvait un café, en face du café un barbier. Une cour commune recevait toutes les bêtes de somme, chameaux, mules, ânes, chevaux. Plusieurs des cases destinées aux marchands se trouvant vides, nous nous installâmes jusqu'à l'heure du repas.

Vers onze heures le cheik vint lui-même avec ses domestiques nous apporter notre collation. Elle se composait de mouton bouilli, de pilaw, de dattes et de lait frais et aigre. Le lait aigre est assaisonné d'anis et de cumin, substances que les Arabes prétendent être préservatrices de la fièvre. Nos montures, de leur côté, étaient aussi abondamment défrayées que les maîtres.

Le cheik et ses esclaves, en signe d'infériorité s'obstinaient à se tenir à l'écart tandis que nous mangions. J'insistai si fort qu'il finit par s'accroupir avec nous.

Ces repas durent un quart d'heure. D'habitude on mange sans boire. Après le repas on avale, tous dans la même tasse, comme on a mangé tous dans le même plat, la valeur d'un verre d'eau. Il est poli d'en boire une partie et de passer le reste à son voisin. Les Espagnols, et particulièrement les femmes espagnoles, ont conservé cette habitude qu'elles tiennent certainement des Arabes.

Après le repas, vinrent le café et les pipes ; avec le café et les pipes, la conversation. Celle du cheik et des habitants de la localité roulait particulièrement sur une espèce de prophète qui se disait le *mahadi* annoncé par Mahomet. Le mahadi, c'est un nouveau messie. Ce prophète et ses disciples se tenaient dans les montagnes de Djobla. Il faisait de nombreux prosélytes, prêchant la guerre sainte contre les chérifs, et particulièrement contre l'imam de Sana, qu'il traitait d'usurpateur. Il se disait, lui, un des premiers imams, c'est-à-dire descendant d'Ali. L'imagination des Arabes donnait de la réalité aux récits les plus fantastiques sur ce nouveau prophète. C'était la première fois que nous en entendions parler. A entendre nos interlocuteurs, le mahadi devait faire la conquête de tout le pays. Il ne fut question que de cette conquête, peu probable, jusqu'au moment où nous repartîmes, c'est-à-dire jusqu'à sept heures du soir.

J'ai dit ailleurs que tout le Théama avait dû être autrefois le lit d'une mer qui alors ajoutait un tiers de largeur à la mer Rouge. Mes observations pendant la route que je venais de faire m'avaient confirmé dans cette opinion. Partout, au flanc des montagnes, j'avais vu, si je puis parler ainsi, la silhouette des vagues; partout j'avais trouvé des coquillages roulés qui indiquaient qu'à une époque certaine la mer avait séjourné là; enfin partout j'avais rencontré des nappes de sel recouvrant le sable, luisant au soleil et s'enfonçant sous les pieds.

Deux choses venaient encore corroborer le fait : la maigreur de la végétation et le goût saumâtre de l'eau.

A Muschid nous avions rejoint le chemin de la mer, qui traverse tout le Théama et s'étend d'Aden au sommet du golfe Arabique. Nous suivîmes ce chemin ayant la mer à droite, à deux lieues à peu près de nous. Plus le territoire se rapproche de la mer, plus il devient stérile et sablonneux. L'air était sillonné d'oiseaux aquatiques qu'on ne voyait pas, mais dont on entendait le cri.

Après deux heures de marche, nous fîmes souffler nos bêtes sans mettre pied à terre, et prîmes langue avec les habitants d'un petit groupe de huttes nommé Mamlâh. Ces habitants étaient des bergers qui allaient faire pâturer leurs troupeaux sur les collines que nous venions de quitter.

Au fur et à mesure que nous approchions de Moka, la route se peuplait, comme il arrive aux environs d'une ville de commerce. Nous rencontrâmes trois ou quatre petites caravanes marchant au nord. Comme d'habitude, on s'arrêtait, on se reconnaissait, puis chacun continuait son chemin.

Ces Arabes, tout en marchant, chantent des chansons. Il y a un solo auquel répond le chœur en frappant des mains. La nuit, ces chants ont un certain charme.

Le *mullâh*, ou chef de la caravane, est monté sur un âne. C'est toujours un âne qui dirige la caravane. Les chameaux viennent après lui, attachés de dix en dix et par la queue. Le mullâh est l'éclaireur naturel. C'est lui qui fait arrêter les chameaux et s'avance de cinquante ou cent pas pour reconnaître le mullâh de la caravane qui le croise.

Outre les caravanes, nous rencontrions des courriers qui passaient ventre à terre, et qui, en passant, nous jetaient le salut musulman, ou nous disaient l'heure, ou nous apprenaient une nouvelle; enfin les agents du fisc à cheval, qui parcourent la route pour faire la police et assurer la tranquillité des caravanes.

Des ossements de chameaux morts et abandonnés tracent la route et annoncent combien elle est fréquentée.

Avant le lever du soleil, nous arrivâmes au village de Ruâs. On y fit une halte de quelques minutes soulement. Puis, voulant profiter de la fraîcheur du matin, qui à neuf heures disparaît, nous nous remîmes en route.

A neuf heures du matin, nous mettions pied à terre au caravansérail de Yachtillo. C'est un lieu d'étape. Même scène du cheik apportant le repas, de peuple grouillant et nous regardant; mêmes nouvelles du mahadi; même départ enfin à l'heure fraîche de la nuit, la seule pendant laquelle on puisse voyager dans le Théama.

Nous n'avions plus que sept lieues à faire pour atteindre Moka. Plus nous approchions, plus la vie affluait. C'était le sang plus pressé et plus épais près du cœur. Notre caravane elle-même s'était énormément grossie. Partis à vingt-cinq ou trente, nous étions plus de deux mille. Nos nouveaux compagnons étaient des marchands de chevaux, des marchands de dattes, des marchands de poules, des marchands de lait, des familles entières; tout cela à cheval, à chameau, à âne, à mule, et formant un spectacle des plus pittoresques.

Au point du jour, à cette heure où la clarté des étoiles se mêle à celle de l'aube, nous commençâmes d'apercevoir Moka à travers un horizon d'opale liquide.

Moka se compose de deux villes : la ville fortifiée, la ville ouverte. Nous ne pûmes entrer que dans la ville ouverte ; les portes de l'autre étaient fermées encore. Elles ne s'ouvrent qu'après le lever du soleil, et encore n'ouvre-t-on que la petite porte pratiquée dans la grande. Les premières personnes qui entrent dans la ville sont les laitières et les porteurs d'eau.

La ville ouverte est excessivement pittoresque. Ce sont pour la plupart des maisons en jonc entourées de jardins. On y compte à peu près trente caravansérails, des cafés en masse. Là est la vie réelle de Moka, et, comme partout, la vie s'y traduit par le mouvement.

Un torrent immense qu'on appelle l'*Wadi-el-Kébir* descend des montagnes situées à quatre ou cinq lieues à peu près, et vient arroser une forêt de palmiers et les jardins de Moka. Une vieille citadelle, agglomération de tours, domine tout cela. Ce fort sert de prison et de bagne, et il est tout particulièrement ombragé par la forêt de palmiers ; ce qui donne à toute cette portion de la ville l'aspect le plus pittoresque.

L'été, le chérif Heïder va s'y mettre au frais. Disons en passant qu'il est plus que gouverneur.

Moka est la capitale réelle du Théama, la capitale politique. Elle devrait être la résidence officielle d'Husseïn. Husseïn, par je ne sais quelle superstition, préfère rester à Abou-Arich, qui est le berceau de ses ancêtres. Peut-être, comme l'aigle, est-il tout simplement fidèle à son nid. Son absence fait Heïder plus que gouverneur, comme nous le disions. Elle le fait vice-roi.

Il y a dans la ville ouverte un immense puits qui fournit à la consommation des deux villes. Des âniers et des chameliers y vont chercher de l'eau dans des jattes en terre et la distribuent dans toutes les maisons. Ce puits s'appelle *Bir-el-Beleil*. Nous nous arrêtâmes dans un caravansérail à quelque distance de ce puits. Ce caravansérail est ombragé par les branches entrelacées de sycomores et de tamarix. Nous attendîmes là que les portes s'ouvrissent, et que le chérif fut prévenu de notre arrivée.

Le chef de notre escorte était entré à pied, dès que les portes avaient été ouvertes pour les laitières et les porteurs d'eau. Le chérif s'était recouché après la prière du matin, de sorte que notre naïb fut obligé d'attendre, aucun des esclaves du chérif n'osant pénétrer dans ses appartements.

Ce ne fut que vers neuf heures du matin que nous vîmes revenir notre envoyé accompagné de quelques officiers du chérif chargés de ses compliments. Ils avaient en outre mission de nous prier d'attendre encore quelques instants, le chérif voulant, pour nous faire honneur, venir au-devant de nous avec ses deux neveux. En réalité, il voulait que ses gens eussent le temps de nous préparer des chambres. Nous nous fussions bien passé, éreintés comme nous l'étions, de cet excès de courtoisie. Mais nous n'étions pas les maîtres de faire à notre volonté.

A onze heures, nous le vîmes apparaître avec ses neveux à ses côtés et suivi d'une centaine d'hommes. A peine nous eut-on signalé le chérif, que nous remontâmes à dromadaire, et que nous nous avançâmes au-devant de lui. A vingt pas l'un de l'autre, nous nous détachâmes chacun de notre côté pour nous faire le salut d'usage et nous donner l'accolade accoutumée. Puis nous continuâmes notre chemin, le chérif et moi, jusqu'à ce que nous fissions tête de colonne, et nous entrâmes dans la ville.

Il va sans dire que tous les habitants étaient dans les rues, lui baisant les pieds, touchant le bas de sa robe et l'accablant de salam-a-leïkum. Tout cela encombrait les rues de telle façon, que nous mîmes une demi-heure à atteindre son palais, quoique nous n'en fussions qu'à trois ou quatre cents pas. Ce palais était fort simple d'architecture, et c'était en réalité plutôt une maison qu'un palais. Seulement elle avait une vue magnifique, donnant sur la mer et sur la douane. Sur la place qui précédait sa maison étaient huit ou dix pièces de canon, dont deux en bronze.

Le premier soin qui suivit notre installation fut de nous rendre aux bains publics. Nous les trouvâmes libres, le chérif ayant eu l'attention de faire prévenir leur chef que nous allions nous y rendre. On les avait donc fait évacuer à notre intention.

On a vingt fois raconté les détails intérieurs d'un bain d'Orient. Nous en épargnerons donc la description à nos lecteurs. Ces bains, massage, café et chibouques compris, nous prirent près d'une heure et demie.

En rentrant, nous trouvâmes un véritable festin : viandes, pilaw, pâtes, crèmes, bonbons, confitures, tout y était à profusion.

La collation finie, chacun n'eut plus qu'une aspiration : le repos. En conséquence, chacun se retira pour faire la sieste.

Moka est une de ces villes aux noms harmonieux que l'on désire voir comme véritable spécimen d'une ville arabe. Elle est de construction moderne, et date de cinq cents ans à peine.

Une légende se rattache à sa création. Un solitaire

qui avait la réputation d'un saint homme, habitait dans une hutte à l'ombrage de cette forêt de palmiers qui fait encore aujourd'hui la parure de cette ville, à laquelle elle verse en profusion ce qui manque souvent aux villes arabes, l'ombre. Il avait le premier découvert les propriétés du café en remarquant que les chèvres qui broutaient les gousses parfumées de l'arbuste étaient les plus vives, les plus gaies, les plus gambadantes qu'il eût jamais vues.

Il se nommait Cheik-Schaedeli.

Un jour, un bâtiment venant de l'Inde et allant à Djedda jetait l'ancre dans la rade encore solitaire à cette époque. De loin, l'équipage aperçut une cabane isolée et ombragée de jeunes palmiers. La curiosité poussa les Indiens à descendre à terre et à visiter celui qui habitait cette cabane. Ils y trouvèrent Cheik-Schaedeli. Celui-ci, hospitalier selon ses moyens, leur fit boire la liqueur qu'il avait inventée et sur le mérite de laquelle il ne tarissait pas.

Effectivement, les Indiens, à qui l'usage de cette liqueur était inconnu, la trouvèrent délicieuse, et remarquant le changement qu'elle produisait en eux, et comment tous leurs sens s'ouvraient, après l'avoir bue, à des sensations nouvelles, imaginèrent qu'elle serait peut-être salutaire au capitaine de leur bâtiment, qui souffrait d'un mal auquel tout l'art de la médecine ne pouvait apporter aucun remède. En conséquence ils allèrent chercher leur capitaine, lui dirent les merveilles de la liqueur inconnue et l'amenèrent à Cheik-Schaedeli. Celui-ci lui donna une tasse de café. A peine le capitaine l'eut-il bu, que l'influence bienfaisante de la liqueur se fit sentir.

Le capitaine craignait seulement une chose, c'est qu'en s'éloignant, et en cessant de faire usage de la liqueur, le mieux momentané qu'il venait de ressentir ne disparût. Mais alors le solitaire lui dit :

— Débarquez ici vos marchandises, établissez-y un entrepôt, je vous promets qu'une grande ville s'élèvera autour de la cargaison que vous aurez déchargée.

Le capitaine eut foi. Il fit ce que disait Cheik-Schaedeli, et la ville de Moka, qui avait commencé par une hutte, fut fondée, et, comme l'avait prédit son fondateur, devint une grande et riche cité.

Le tombeau de Cheik-Schaedeli est placé sous la coupole d'une grande mosquée du faubourg, coupole qui porte son nom, devenu sacré pour tous les habitants, qui, au lieu de jurer par Mahomet ou par Allah, jurent par Cheik-Schaedeli. Les cafetiers surtout de la secte des Sunnites, c'est-à-dire de la secte qui fait usage du café jusqu'à l'abus, les cafetiers surtout ont pour lui un culte tout particulier, et qui s'explique tout naturellement par la légende que nous venons de raconter.

Rappelons en passant que, comme en France, au moyen âge, chaque corporation musulmane a son patron. Ainsi les barbiers ont *Soliman*, dont ils visitent encore le tombeau à *El-Madeïn*, ville située près de Bagdad; *Daouëd* est celui des forgerons; *Ibrahim* est celui des maçons et des cuisiniers; *Edris* celui des tailleurs; *Habib* celui des menuisiers; *Djerdjin* celui des chaudronniers; *Mohammed-Ion-el-Iemani* celui des bouchers, etc. etc.

Comme l'avait prédit son fondateur, Moka fut une des villes les plus florissantes de l'Yémen. Elle eut jusqu'à cinquante mille âmes. Mais, depuis la faveur accordée à Hodeïda par Sinan-Pacha et par les commandants turcs de l'occupation égyptienne, Moka a beaucoup perdu de son importance commerciale.

Le dépeuplement de Moka tient à plusieurs causes. La première, à l'exaltation d'Hodeïda ; la seconde, à l'occupation des Turcs ; la troisième, aux émigrations qui eurent lieu à la suite de la révolte du chérif Hamoud, dont nous avons parlé pendant notre séjour chez Husseïn ; enfin la quatrième, au choléra, qui a cruellement sévi dans toute la mer Rouge, et particulièrement à Moka.

Aujourd'hui la population de la ville fermée n'est plus que de cinq mille âmes.

Quant à celle de la ville ouverte, il est difficile de l'apprécier, cette population étant flottante. Cependant, on peut l'estimer à dix mille âmes. Elle se compose d'Arabes, de Banians et de quelques vieux Turcs, et de dix ou douze juifs auxquels on fait toutes les avanies possibles.

Après la sieste, j'allai faire ma visite et remettre mes lettres au chérif Heïder. Là, les instances pour me faire rester au service d'Husseïn ou tout au moins d'un membre de sa famille recommencèrent. Il alla jusqu'à m'offrir le gouvernement de Zébid ou de Tâës. Tâës est la dernière ville faisant frontière du côté des États de l'imam. Je refusai obstinément, en disant que mon rôle était accompli à l'endroit de l'Yémen, et que je voulais voir si je n'en avais pas un autre à jouer du côté de Bagdad et de Bassora.

Pendant que j'étais à causer avec le chérif Heïder, un homme entra, que, à mon grand étonnement, je reconnus pour Eschref-Bey. On se rappelle que son compagnon, Abd'el-Kerim, avait eu la tête tranchée à la Mecque, et que tous deux avaient fait un séjour d'une semaine à peu près à Abou-Arich. Eschref-Bey ne fut pas moins étonné de me trouver chez le chérif Heïder que je n'étais étonné de l'y voir moi-même. Il revenait de nouveau d'Aden.

Il continuait ses intrigues, au détriment de Hussein et de l'imam de Sana, et au bénéfice de la Turquie.

En le voyant, je me retirai. Eschref-Bey me salua et m'annonça sa prochaine visite. Rentré chez moi, je reçus celle du jeune Hussein et d'Abd'el-Mélek. C'était la première fois que nous nous retrouvions ensemble depuis notre séparation. Les deux jeunes gens comptaient retourner incessamment à Abou-Arich. Ils paraissaient en être très-enchantés.

Le climat de Moka était trop chaud pour eux, et ce mouvement commercial de la ville les fatiguait. En outre Abd'el-Mélek s'ennuyait fort loin de sa femme.

Le pauvre garçon n'avait pas encore épuisé sa lune de miel. Au bout de quelques jours, je compris parfaitement leur ennui.

Pendant que les deux jeunes princes étaient là, on m'annonça Hadji-Soliman. Décidément, le drôle tenait à s'attacher bon gré mal gré à ma personne. Je lui demandai quelle affaire l'amenait de nouveau à Moka, commençant presque à croire qu'il avait l'ordre de ne pas me perdre de vue.

Il me répondit que grâces aux bons renseignements que j'avais donnés sur lui, aussitôt mon départ, le chérif d'Hodeïda l'avait prié de chercher fortune ailleurs. Cette fortune il était venu la chercher à Moka. Mais il n'était point probable que cette fois encore il mît la main dessus. Au reste il remplissait à Moka les mêmes fonctions d'artilleur qu'à Hodeïda; cela à raison de quatre talaris par mois, et la nourriture.

La place était bonne, comme on voit. Il est vrai qu'on ne le nourrissait pas, et qu'on oubliait de le payer. Il comptait sur moi pour subvenir à ses besoins les plus pressants. Ses besoins les plus pressants étaient de manger. Je lui donnai sa paye d'un mois. Comme toujours, il me baisa la main en dedans, en dehors, et se retira enchanté.

Il faut dire une chose à la louange de Hadji-Soliman: c'était un coquin, prêt à recevoir de l'argent d'une main et à poignarder de l'autre, mais c'était un joyeux drôle, plein d'esprit, et qui eût fait rire un agonisant.

Je reçus ce même jour la visite de mes guides. Ils

venaient me faire leurs adieux, ce qui voulait dire en toutes lettres :

« Nous n'avons le droit de rien exiger pour le service que nous t'avons rendu, attendu que l'ordre nous était donné de te le rendre, mais ce que tu voudras bien nous offrir, nous l'accepterons. »

Et, en effet, ils acceptèrent quinze talaris ; c'était le moins que je pusse donner, cinq francs par homme ! Il est vrai qu'en voyageant à mes frais cela ne m'eût point coûté la moitié de ce que cela me coûtait en voyageant aux frais du chérif. J'en avais, au reste, fait de même à l'endroit des escortes que j'avais successivement quittées sur la route.

Je passai deux ou trois jours à visiter Moka. Je n'ai guère autre chose à en dire que ce que j'en ai dit.

Un matin, Hadji-Soliman reparut. Je crus qu'il avait mangé son mois en trois jours. Je le calomniais. Il venait de nouveau m'annoncer qu'un de mes compatriotes avait débarqué à Moka. Quel était ce compatriote ? C'est ce que Hadji-Soliman ne pouvait me dire précisément. Il me fit le portrait d'un homme de trente-cinq ans, maigre, bruni par le soleil, ayant la croix de la Légion d'honneur et vêtu à l'européenne. Il venait d'Abyssinie, et avait avec lui beaucoup de bagages demeurés à la douane. Il avait quelques difficultés avec celle-ci, qui l'arrêtait. Il paraissait très-contrarié de ce retard. Au reste, Hadji-Soliman lui avait déjà parlé de moi et lui avait dit mon nom.

Il était évident que mon nom, du moins mon nouveau nom, devait être inconnu même à mon ami le plus intime, puisque ce nom je l'avais pris à Djedda en me faisant musulman.

Mon compatriote témoignait le plus grand désir de me voir, et Hadji-Soliman s'était chargé de préparer l'entrevue. Seulement ici se soulevait une question d'étiquette. L'inconnu, à ce que je pus comprendre, avait une mission du gouvernement français. Moi j'avais un caractère officiel que je tenais du gouvernement local, de sorte que je ne pouvais pas faire la première visite, ni mon compatriote non plus. En outre, c'eût été froisser l'étiquette musulmane, bien autrement sévère que la nôtre sur les initiatives.

On parla de la chose au chérif Heïder, qui imagina un biais en nous invitant à prendre le café chez lui tous les deux. Cependant, pour l'inviter, il fallait savoir qui il était. Je m'informai auprès d'un riche négociant du pays nommé Abd'el-Ressoul, qui, tour à tour, avait été à Moka résident français et anglais.

Abd'el-Ressoul, parlant français, était naturellement visité par tous les Français traversant le pays. Sa bourse avait été utile à beaucoup.

Il m'apprit le nom de mon compatriote. C'était Rochet d'Héricourt, qui revenait de son second voyage dans le royaume de Choa.

VII

J'avais connu autrefois Rochet d'Héricourt au Caire, au moment où par un moyen chimique il était arrivé à doubler la force des teintures à l'indigo. A cette époque, le pacha d'Égypte l'avait employé.

Nous nous trouvâmes donc chez le chérif Heïder. Rochet d'Héricourt, que j'ai retrouvé depuis à Paris en 1849, et qui depuis est allé mourir consul à Djedda, venait de faire signer un traité de commerce très-avantageux pour la France au roi Oubié, qui, probablement, avait signé quelque traité pareil avec l'Angleterre. Par malheur, Rochet d'Héricourt avait été, pendant son voyage, surpris par les pluies. Son traité, qui avait été écrit avec une encre rouge particulière aux Abyssins, avait été mouillé, et des phrases entières avaient disparu.

Rochet d'Héricourt revint en France avec son traité en bon état, et y fut parfaitement accueilli. Outre ce traité, Rochet d'Héricourt rapportait des manuscrits fort anciens; de plus, l'écorce et la feuille du *kosso*, plante mortelle au ver solitaire, et qui, introduite par lui, est maintenant en usage en France. De plus, il rapportait un herbier très-garni de plantes, des collections d'histoire naturelle, et un portefeuille garni de notes, dont il fit plus tard une excellente publication.

Nos rapports furent ceux de deux compatriotes. Ceux

qui ont vécu à l'étranger comprendront seuls le bonheur de retrouver un frère de la même langue et de la même terre, au milieu d'hommes parlant une autre langue et sur une terre étrangère.

Il fit au chérif Heïder quelques cadeaux d'armes françaises. Ces cadeaux avaient pour but d'aplanir les difficultés de douane dont nous avons parlé.

Le costume de Rochet d'Héricourt était étrange, et n'appartenait à aucune nation. Il portait un large pantalon de calicot rouge à la mameluck ; des sandales à la mameluck ; une petite veste bariolée sur un gilet boutonné ; une ceinture bleu de ciel, et une calotte en maroquin rouge plissée, avec une pointe sur le haut de la tête.

Était-ce son costume de général abyssin ? Rochet d'Héricourt avait été fait général par le roi abyssin, à la suite d'un combat où il s'était signalé. Était-ce son costume d'envoyé français ?

Au reste, à son insu, j'intervins dans ses démêlés avec la douane, et j'obtins qu'on ne ferait qu'effleurer de l'œil ses bagages. La chose eut lieu ainsi, et Rochet d'Héricourt passa sans autres contrariétés. Notre liaison dura tout le temps qu'il resta à Moka, et son séjour fut assez long, aucun bâtiment ne se trouvant en partance pour le Nord.

Par des circonstances atmosphériques que l'on ne s'explique pas, l'ordre des saisons semblait être bouleversé dans tout le bassin de la mer Rouge. Ainsi on cuisait à Moka comme aux jours les plus chauds de l'été, le thermomètre centigrade montait jusqu'à quarante-deux degrés, le simoun avait déjà donné de ses nouvelles, et cependant on n'était encore qu'à la fin de mars.

Derrière Rochet d'Héricourt vint Hadji-Soliman. Il venait demander son batchis pour m'avoir fait trouver avec un compatriote. Sans doute en avait-il déjà demandé autant à Rochet d'Héricourt. Je lui donnai comme d'habitude quelques pièces de monnaie.

Hadji-Soliman commençait à voir qu'il avait plus gagné en manquant son empoisonnement sur moi que s'il m'eût empoisonné.

Une chose que j'ignorais et que j'appris sur ces entrefaites, ce fut le mariage du jeune Husseïn avec la fille du chérif Heïder.

Les chérifs essayent toujours de resserrer entre eux les liens de parenté. Ces mariages sont des solennités. Si quelque famille bourgeoise a, de son côté, quelque mariage à faire, elle choisit le même jour et la même heure que ceux de ces mariages princiers. Les inférieurs trouvent continuellement quelque bénéfice à se mêler dans ces circonstances à leurs supérieurs.

La fille du chérif Heïder était d'ailleurs un fort grand parti. Elle était à la fois belle et riche. Husseïn la connaissait depuis longtemps personnellement. Entre cousins, on se voit.

Nous ne nous arrêterions point sur les détails d'un mariage musulman, qui sont connus de nos lecteurs, si celui-ci n'avait point été signalé par une circonstance particulière.

Le mariage eut lieu au commencement de la lune. Après les cérémonies religieuses en usage dans ces sortes de solennités, la mariée, entièrement couverte de voiles, fut promenée sous un dais de brocart dans les rues de Moka. Dans ces promenades, où la mariée est entièrement aveuglée par les voiles qui la couvrent, ce sont des femmes voilées elles-mêmes, mais moins strictement qu'elle, qui la dirigent. Une musique la précède. Des bannières flottent devant elle. On jette des parfums sur ses vêtements, des fleurs sous ses pieds. Quand la nuit vient, la promenade continue, seulement on allume des torches.

Des cavaliers, parents, amis, serviteurs, esclaves, suivent le cortége, qui parcourt ainsi toutes les principales rues. Par tous ces détours, la mariée, sortant de la mosquée, se rend au domicile de son père. On la place sur une estrade, où elle reste sept jours en évidence, immobile et les yeux fermés, comme une statue de pagode indienne. Pendant cette immobilité et cet aveuglement, elle est vêtue de ses plus riches habits et parée de ses plus beaux bijoux.

N'oublions pas de signaler une opération préparatoire. Un mois avant le mariage, rigoureusement neuf jours, on commence à engraisser la mariée. Cela se fait au moyen de farine de maïs, de fruits de caroubier, de beurre et de sucre. On compose avec ces différentes substances une espèce de pâte dont on lui fait avaler une dose calculée, qui, au bout d'un certain temps, amène l'obésité, cette qualité si fort appréciée des Arabes. Pendant ce temps, les pauvres créatures ont beau demander à boire, on le leur refuse obstinément. Quelques gouttes d'eau, juste ce qu'il en faut pour qu'elles ne meurent pas de soif, sont tout ce qu'elles peuvent obtenir de leurs engraisseurs.

Chez les pauvres où les moyens, plus restreints que chez les riches, ne permettent point de pratiquer l'opération pendant un si long temps, on se contente, comme nous l'avons dit, de neuf jours. Aussi les pauvres n'ont-ils jamais de femmes aussi grasses que les riches. Aux gueux la besace !

Nous avons dit que la mariée restait sept jours sur la sellette. Pendant cette exposition, toutes les femmes de la ville viennent la voir, pauvres comme riches. Après l'avoir visitée, elle, on visite son trousseau. Des danseurs et des musiciens remplissent la cour, chacun exerçant son état. Aux danseuses, les prodigues ou les amateurs collent une pièce d'or sur le front ou sur les joues. Aux musiciens, on jette une pièce de monnaie dans une sébile. Beaucoup d'Arabes peu riches, mais tenant à le paraître, ou riches et avares, jettent ou une pièce d'or ou un talari dans la sébile. Mais il est convenu qu'après la cérémonie, celui qui se repent de sa largesse peut la reprendre en la troquant contre une autre pièce de monnaie, si infime qu'elle soit.

Au moment où la mère livre la femme au mari, elle lui fait comme chez nous toutes sortes de recommandations de soumission et d'obéissance afin que l'époux trouve le paradis sur la terre. Mais, comme chez nous, ces recommandations, par malheur, ne portent pas toujours leurs fruits.

A l'occasion du mariage de la fille du chérif Heïder, avaient eu lieu trois ou quatre autres mariages, et entre autres le mariage d'un riche Indien avec une jeune Indienne, musulmans tous deux. Les cortéges s'étaient suivis dans les rues de la ville, éclairés aux flambeaux, comme nous savons, marchant à la file l'un de l'autre, chaque mariée sous son dais.

Tout Moka, bien entendu, affluait autour des personnages principaux. Les terrasses étaient couvertes de femmes. Des coups de fusil et de pistolet étaient tirés sur les flancs des cortéges ; tout le monde était en joie.

Tout à coup, au coin d'une rue, un homme, une espèce de derviche, tenant une bouteille à la main, se précipita sur le jeune marié indien et lui plongea son cangiar dans le cou, coupa la carotide et brisa sa bouteille. Le jeune homme marcha encore cinq ou six pas et roula par terre. Il était mort et avait laissé derrière lui un long jet de sang. On transporta le mort dans une mosquée voisine, où on le prépara pour le cercueil. La mariée, à moitié évanouie, fut transportée chez elle.

La cause de l'assassinat était la jalousie. Le derviche avait été élevé près de la jeune fille, était amoureux d'elle, l'avait demandée en mariage, et avait été refusé. La jeune fille, de son côté, l'aimait. Elle l'eût épousé volontiers, mais le père s'était opposé à l'union.

Aussitôt l'opinion publique déclara que, le sang ayant coulé, tous les mariages faits en même temps que celui qui avait fini d'une manière si tragique seraient malheureux. Quant à l'assassin, quand je quittai Moka, on le cherchait encore. En effet, le mariage du jeune Hussein n'eut point d'heureuse suite. La jeune femme mourut en couches ; puis, comme si, dès le lendemain de l'assassinat, l'influence néfaste avait dû s'en faire sentir, des courriers arrivèrent, annonçant que le nouveau mahadi venait de faire une descente sur le territoire du chérif, et mettait tout à feu et à sang.

Il traitait toutes les sectes actuellement existantes d'infidèles. Plus sévère que Wahab lui-même, aucune ne trouvait grâce devant lui, et il voulait ramener le mahométisme à sa rigidité primitive, c'est-à-dire le rendre impossible aux musulmans de nos jours. Il n'était pas à plus de quatre lieues de Moka. En deux heures, il pouvait être aux portes de la ville. Il passait pour être à la tête d'une troupe nombreuse et de l'artillerie. A l'instant même, des courriers furent envoyés, non-seulement à Husseïn, mais aux autres chérifs pour appeler du secours. Puis, en même temps, et pour courir au plus pressé, on transporta des projectiles sur les remparts, on rassembla sur la place les hommes de la garnison, infanterie et cavalerie, et l'on s'apprêta au combat.

J'étais accouru au palais au premier bruit de cette invasion. La chose était si inattendue que le chérif Heïder avait à peu près perdu la tête. A chaque instant, comme il arrive en pareille circonstance, les nouvelles non-seulement se croisaient, mais se contredisaient. La population extérieure commençait à se presser aux portes en se lamentant, pressée elle-même par la population des campagnes qui affluait. L'encombrement était d'autant plus grand que, de crainte d'ouvrir les portes aux partisans du faux prophète, on n'ouvrait que les poternes, et on ne laissait passer les fugitifs qu'un à un.

Le premier soin du chérif, sur mon avis, fut d'envoyer des éclaireurs qui rapportassent des nouvelles certaines. Mais comme ces sortes de gens sont très-disposés à amplifier ou à travestir toutes choses, Abd'el-Mélek partit avec eux.

Au reste, Moka était assez fortement défendue pour ne pas être enlevée d'un coup de main, et le nouveau prophète, selon toute probabilité, n'était pas assez profond stratégiste pour conduire un siége en règle.

Les éclaireurs revinrent. Ils annoncèrent que le prophète, au lieu de continuer son chemin, s'était replié vers les montagnes de Sabber, en évitant d'attaquer Tâës. Au reste, la razzia était terrible et le butin qu'il en rapportait immense. Tout ce qu'il y avait de belles filles sur son chemin était enlevé. Le chérif donna l'ordre de le poursuivre. C'était trop tard, il est vrai, mais la population avait besoin de ce gage d'énergie, et cependant le chérif avait dû hésiter à envoyer les kobaïls contre lui, attendu que la parole de ces sortes d'aventuriers a surtout de l'influence sur les montagnards, et que les kobaïls étant montagnards auraient bien pu déserter.

La garnison se sépara en deux corps. L'un resta pour garder la ville, et l'autre en sortit, comme nous l'avons dit, pour poursuivre les ravisseurs, qui, au moment où les troupes d'Husseïn atteignaient Dorebât, point extrême de leur excursion, rentraient déjà dans la montagne.

Ce petit corps expéditionnaire traînait à sa suite toute cette population des campagnes qui avait un instant encombré la ville et qui allait reprendre possession chacun de sa demeure. Il est vrai que chacun ne retrouva pas cette demeure. Une multitude de maisons avaient été incendiées, et l'on pouvait suivre à la trace du sang et des cadavres la marche du prophète.

J'étais parvenu à décider le chérif Heïder à laisser ses cinq mille kobaïls dans les garnisons extérieures, afin d'intimider le mahadi, dans le cas où il aurait une nouvelle velléité d'excursion et de pillage. Les cinq mille hommes restants allèrent, aussi sur mon avis, rejoindre leurs compagnons au fur et à mesure que la ville vit arriver les secours demandés. Ces précautions étaient d'autant plus urgentes, qu'il était évident que Moka avait une grande importance aux yeux du nouveau prophète, dont le véritable nom était Haçan-el-Kébir.

La tranquillité rétablie, le jeune Husseïn et Abd'el-Mélek se préparèrent à retourner à Abou-Arich. Il va sans dire que le nouveau marié emmenait sa femme. Le jour de leur départ arrivé, nous les accompagnâmes l'espace d'une lieue. Ils prenaient, comme étant le plus sûr, le chemin du bord de la mer.

Il était dangereux, dans l'état des choses actuel, de prendre le chemin des montagnes. Le mahadi eût été trop joyeux de tenir captifs deux fils de chérif. Nos adieux furent assez tristes, avec Abd'el-Mélek surtout. Le jeune homme avait toutes les qualités généreuses qui prennent les cœurs, et je lui étais pour mon compte sincèrement attaché. Cependant on faisait, tant à l'extérieur qu'à l'intérieur de la ville, de nombreuses arrestations. Le mahadi avait des ramifications non-seulement parmi les gens du peuple, mais encore parmi les notables.

La situation de la ville, l'éloignement de mes jeunes amis, le peu de sympathie que j'éprouvais pour le chérif, qui n'ayant ni l'intelligence ni le cœur de Hussein, avait quatre fois plus d'orgueil que lui, tout me faisait un besoin de continuer ma route. Un nouveau motif fut encore le départ de mon compatriote Rochet d'Héricourt, qui, ses affaires terminées, favorisé par un bon vent, partit vers le 15 avril.

Enfin la chaleur allait s'augmentant toujours, les maladies contagieuses venaient à sa suite. Je sentais que, sous cette température, je retomberais bientôt malade, de sorte que je présentai, sous forme de conseil, ma requête de congé au chérif Heïder. Nous eûmes à ce sujet une assez longue conférence. S'il n'est pas facile de s'impatroniser près des grands seigneurs musulmans, il est plus difficile encore de s'en éloigner. Je lui dis que mon désir était d'aller à Sana, et lui demandai sa protection jusqu'aux frontières. Cette ouverture le rendit fort soucieux. C'était la première fois que je manifestais cette intention.

Chez tous les peuples orientaux, il faut demeurer très-mystérieux et annoncer que l'on va au sud quand on veut aller au nord. J'avais donc, pour me conformer à cette maxime, annoncé que je me rendais à Bagdad et à Bassora. Or, Sana ne pouvait pas être le chemin de Bassora ni de Bagdad, si l'on songeait que de l'autre côté de Sana se trouvait un désert de sable de plus de trois cents lieues. Ma route la plus naturelle était donc de m'embarquer, soit à Moka, soit à Aden ; de là, pour aller par la mer des Indes à Mascate. Mais ce n'était pas pour le moment la mer des Indes que je désirais voir ; c'était Sana et les ruines qui gisent à Mareb, c'est-à-dire le pays de l'ancienne Saba, qu'avec tant de peine Arnaud avait visité quelque temps auparavant.

Le chérif Heïder me fit remarquer que j'étais en contradiction avec moi-même. Je lui répondis que le vent continuait de souffler du sud, et que, par conséquent, je ne pouvais m'en aller par Bab'el-Mandeb. Quant à gagner Aden par terre, c'était plus difficile encore. Les Beni-Sobbaëh tenaient tous les défilés qui y conduisent. J'insistai donc pour m'en aller par Sana.

— Mais, me demanda le chérif, de Sana, où iras-tu ? le désert est impossible à traverser.

— Si je rencontre l'impossible, répondis-je, je reviendrai.

— Allons, dit le chérif, avoue que c'est non pas Bassora ou Bagdad que tu veux voir, mais Sana; si telle était ton intention, pourquoi n'y es-tu pas allé directement d'Abou-Arich?

— Parce que l'idée d'aller à Sana ne m'est venue que des difficultés que j'ai éprouvées d'aller à Aden.

— Mais le vent du sud cessera.

— C'est possible; mais il est possible qu'il se maintienne indéfiniment, et je ne veux point courir cette chance.

— Si tu insistes, je vais dépêcher des courriers à mon frère Hussein, pour le prévenir de ta nouvelle résolution.

— Les courriers mettront dix jours à aller et à revenir.

— Je n'ai pas de moyens plus prompts.

— Si fait, tu as les pigeons, écris à ton frère par ce moyen.

On sait comment se fait cette poste aux pigeons.

— Soit! dit-il.

Le même jour il lui écrivit. Devant moi les pigeons furent expédiés. En le quittant, je lui exprimai mon étonnement de ce que, lui chérif, gouverneur, viceroi de Moka, se croyait obligé d'écrire à son frère avant de me donner, à moi musulman, la permission d'aller à Sana, où tant de gens allaient tous les jours.

— Ce que j'en fais, dit-il, c'est pour ta propre sûreté. La position dans laquelle se trouvent vis-à-vis l'un de l'autre, mon frère et l'imam de Sana, l'apparition du soi-disant mahadi, le peu de sûreté des montagnes qu'il te faudrait traverser, m'imposent de mettre ma responsabilité à couvert. Qu'aurais-je à répondre si tu étais assassiné sur ta route ou emprisonné à Sana? Tu connais le despotisme de l'imam, qui n'ignore probablement ni ton nom, ni le rôle que tu as joué à Abou-Arich, ni ta présence à Moka. Ne te prendra-t-il pas pour un espion ou tout au moins pour un agent de ses ennemis? Attends que j'aie reçu la réponse de mon frère, et nous verrons.

Je m'inclinai, et sortis. Il fallait bien que j'attendisse. Ce qu'il y avait de vrai dans tout cela, c'est que les chérifs craignaient que je n'allasse me mettre à la disposition de l'imam, et qu'après m'avoir eu pour eux ils ne m'eussent contre eux.

Le lendemain, les pigeons arrivèrent. La réponse était celle que j'attendais moi-même. Husseïn renchérissait sur les craintes de son frère, et continuait d'insister pour que je restasse près de lui. Je n'attendais pas cette réponse évasive pour voir clair dans les craintes du chérif. Seulement elle me rendit service en m'offrant l'occasion de m'expliquer positivement.

Je déclarai qu'à moins d'être retenu comme prisonnier, je partirais le 25 avril, c'est-à-dire dans six jours. J'employai ces six jours à me débarrasser d'une partie de mon matériel, beaucoup trop considérable pour la manière dont je comptais voyager. De plus, dans ce pays de montagnes, où je pouvais rencontrer un voleur à chaque pas, je ne voulais point paraître trop riche ; Sélim et Mohammed ne seraient plus mes domestiques, mais, le premier, un voyageur qui m'aurait rencontré, et le second, le propriétaire de mes dromadaires. Ma négresse devenait l'esclave de l'un ou de l'autre.

Je vendis donc mes trois chevaux, mes tapis, mes coussins, enfin tout le mobilier musulman que je traînais derrière moi. Je ne conservai que mes trois dromadaires et le matériel indispensable à un voyage de cette nature. Quant à mes vêtements, dont quelques-uns étaient d'une grande richesse, je les déposai chez Abd'el-Ressoul pour m'être envoyés chez Seïd-Ben-Calfen, à Mascate. Quant à l'argent monnayé que je possédais, je le convertis en une traite, payable également à Mascate, chez un banian qui était fermier de la douane. La lettre de crédit était signée de son confrère de Moka. J'espérais, ainsi dénudé, pouvoir voyager incognito, et ne tenter la cupidité de personne.

Maintenant, restait à savoir si l'on me permettrait de partir. J'avais fixé, comme je l'ai dit, le jour de mon départ au 26. Le 24, j'étais encore sans réponse. Seulement, il n'était pas difficile de voir que le chérif me traitait avec plus de froideur. Cette froideur s'étendait naturellement à son entourage.

Le 24, je reçus une lettre d'Abd'el Mélek. Il me disait qu'il doutait que son oncle m'accordât jamais la permission ostensible de partir; que, dans l'espèce d'impasse où j'étais enfermé, il me donnait le conseil, si j'étais bien résolu à quitter Moka, de partir sans permission et sans bruit. Son avis était que son oncle n'oserait point s'opposer ouvertement à mon départ.

Le 25, le chérif Heïder me fit prier de passer chez lui. Je m'empressai de me rendre à cette invitation.

— Hadji, me dit-il, je viens de recevoir des lettres de mon frère qui me défendent expressément de m'opposer à ton départ, mais qui, aussi, m'ordonnent de ne prendre aucune responsabilité pour la sûreté de ta personne. Nous espérons tous deux que tu arriveras sans accident à Sana, et, surtout, qu'une fois à Sana, en présence des difficultés d'un voyage à travers le désert, tu reviendras sur tes pas, non pas à Moka, où tu serais toujours le bienvenu, mais à Abou-Arich, où tu seras mieux venu encore.

Je remerciai beaucoup Heïder, je le chargeai de remercier son frère en mon nom, et je lui annonçai que je partirais le lendemain soir après la prière.

— C'est bien, me dit-il ; maintenant j'ai ordre de mon frère de mettre à ta disposition tout ce que tu pourras désirer en escortes, en montures, en vivres, en armes, en argent. Tant que tu seras dans ses États, je dois veiller sur toi. Seulement tu sais que ces États ne s'étendent point au delà de Tâës. Maintenant encore, personnellement, je te recommanderai au gouverneur de cette dernière ville, qui, de proche en proche, pourra peut-être te recommander lui-même.

Je le remerciai, mais en refusant toutes ces offres. Du moment où je quittais le service du chérif, c'était à moi de faire mon apprentissage de dangers. Nous prîmes, sur ce refus, congé l'un de l'autre.

Le lendemain, il m'envoya de très-bon matin une lettre cachetée pour Tâës, lettre dont je me promis de ne pas faire usage et que j'ai encore. Hâtons-nous de dire que plus d'un an après je l'ouvris. J'étais à Bourbon alors. La lettre était courte, mais péremptoire.

Elle ordonnait au gouverneur de Taës de me bien accueillir, de mettre à ma disposition tout ce que je pourrais désirer, même de l'argent, mais de me faire suivre par un agent invisible tout le long de ma route jusqu'à Sana, où cet agent trouverait un confrère qui le relayerait.

A onze heures du matin, j'allai prendre mon dernier congé du chérif Heïder. Il me reçut à merveille, me renouvela l'expression de ses regrets, et me souhaita toutes sortes de prospérités. Il voulait absolument me conduire une lieue ou deux hors de la ville. Je lui fis observer que cet honneur s'accordait peu avec mon désir de garder l'incognito. Si les dangers qu'il m'avait signalés étaient réels, il était nécessaire que je partisse de Moka sans bruit. D'ailleurs je n'avais plus droit à aucune escorte, ayant résigné toute fonction civile ou militaire. Je le priai même, dans le cas où on le questionnerait à mon endroit, d'être très-circonspect et de laisser ignorer à tout le monde la direction que j'avais prise.

— Je consens à tout, me dit-il ; seulement, laisse-moi te donner un guide sûr qui a fait dix fois le voyage.

J'avais bonne envie de refuser, mais je compris que ce serait pousser trop loin la défiance. J'acceptai donc. A six heures du soir, le 26 avril, je quittai en conséquence Moka, précédé de mon guide et accompagné de Sélim, de Mohammed et de ma négresse Saïda.

VIII

En quittant Moka, nous suivîmes la rive droite de Wadi-el-Kébir; mais, à un quart de lieue, nous traversâmes le torrent, et nous nous trouvâmes sur la rive gauche. Deux heures après, nous étions au grand village de Mussa, qui probablement est la *Mesa* de Moïse. Le législateur des Hébreux désigne cette ville comme un port de la mer Rouge. Elle en est aujourd'hui à quatre lieues et demie.

Mussa est bâti en jonc et en pierre, au milieu de jardins fruitiers. Sa population est d'environ quinze ou dix-huit cents âmes. Un peu au-dessus de Mussa, nous entrâmes dans les montagnes pour ne plus les quitter jusqu'à Sana.

Vers le matin, après douze heures de marche, sauf une demi-heure de halte à Mussa, nous atteignîmes Dorebât. Nous n'avions plus que quatre lieues à faire pour atteindre la limite des États du chérif Husseïn. Nous restâmes toute la journée à Dorebât. Puis, vers sept heures du soir, nous nous remîmes en route. Deux heures après, nous étions à Tàös. Les portes étaient fermées. Mais, comme si l'hospitalité arabe prévoyait que, vu la chaleur des jours, on marcherait plutôt la nuit, chaque ville fermée est accolée à une ville ouverte qui tend ses bras au voyageur attardé. Nous nous arrêtâmes donc dans la ville extérieure.

Dès le lendemain matin, on se présenta chez moi de la part du chérif. Il envoyait prendre de mes nouvelles, quoique je ne l'eusse pas informé de mon arrivée. J'acceptai la politesse sans lui faire de question.

et j'annonçai au messager que j'allais me rendre près de son maître. En effet, une heure après, j'entrais dans la ville et me rendais au château accompagné de Sélim. Le chérif était un neveu d'Husseïn. Il s'appelait Ismaël.

On avait choisi pour cette place importante, geôle de toute la contrée et clef de la frontière, une des plus rudes natures de ce rude pays. J'ai rarement vu un homme plus dur d'aspect et de forme que le chérif Ismaël. On comprenait, en le voyant, qu'un pareil homme ne demanderait pas plus grâce pour lui-même qu'il ne la ferait aux autres.

Disons, au reste, en passant, que, pour des Arabes, Tâès est à peu près imprenable. Elle était cependant dominée au sud par l'immense montagne Sabber, c'est-à-dire de la *Patience*, à la cime de laquelle se trouve une vieille tour qui sert de prison. Dans cette tour est creusé une espèce de puits. Dans ce puits sont les prisonniers les plus redoutables.

C'est en Orient que l'on a fait les essais les plus approfondis sur ce que peut souffrir une créature humaine. Au nombre de ces captifs était un parent de l'imam de Sana et un autre neveu du chérif Hussein, cousin de son gardien. Ismaël parut éprouver pour moi les plus grandes craintes.

Comment irais-je à Sana? comment passerais-je? quelle route comptais-je suivre?

Je lui répondis que je prendrais la plus courte, celle de Djobla.

Djobla était une ville de l'imamat de Sana, située à peu près à douze lieues de Tâës. Mais, à la parole du faux prophète, cette ville s'était révoltée et formait le centre des États du nouveau mahadi, lequel était à peu près le maître de la contrée la plus fertile du pays.

L'étonnement d'Ismaël fut grand, et il ne le cacha point, lorsque je lui dis que je passerais par Djobla. A son avis, je ne devais pas faire quatre lieues sans être arrêté, et, une fois arrêté, Dieu seul savait ce qu'il adviendrait de moi. Je lui répondis que c'était justement parce que ma vie était entre les mains de Dieu que je ne me détournerais pas d'un pas pour éviter le faux prophète.

— Tu feras ce que tu voudras, me dit-il : c'était de mon devoir de te mettre en garde contre ce qui peut arriver. Tu méprises mes avis, fais donc selon tes désirs.

Je restai un jour à Tàës, excitant fort la curiosité publique, quoiqu'on ne sût pas qui j'étais, et que Sélim et Mohammed eussent eu la précaution de me faire passer pour un marchand turc allant à Sana dans l'intention d'y faire des affaires de commerce. Le 28 au soir, nous repartîmes, et je pris, comme je l'avais dit, la route de Djobla, qui conduisait droit au cœur de l'usurpation, étendant déjà son réseau sur un diamètre d'une cinquantaine de lieues.

Voici la réflexion que je m'étais faite. Lorsqu'un danger réel existe sur un point, on ne se figure jamais que l'on osera affronter ce point-là. Tout au contraire, l'on pense qu'on essayera de s'y soustraire en faisant un détour. Dès lors, c'est dans le détour qu'est le danger et non point sur le point où il était d'abord. Les Espagnols ont là-dessus un proverbe caractéristique : c'est qu'il faut prendre le taureau par les cornes.

J'étais bien résolu à ne pas m'écarter d'un pas de mon chemin, dussé-je trouver le mahadi en travers de ma route. Nous avions à peine fait trois ou quatre lieues, en suivant la vallée qui se rend de Tâës à Kâade, lorsque nous rencontrâmes plusieurs groupes d'Arabes qui paraissaient étonnés de voir une aussi petite caravane que la nôtre se hasarder dans un lieu que tout le monde évitait.

Quelques-uns des hommes formant ces groupes s'approchèrent de Sélim et lui demandèrent qui nous étions et où nous allions. Sélim leur répondit que nous étions des marchands turcs et que nous allions à Sana pour les affaires de notre commerce. Ils nous laissèrent passer sans autre réflexion. Plus loin, nous rencontrâmes une espèce de campement. Nous fûmes arrêtés de nouveau, et l'on nous fit des questions à peu près analogues. Nous fîmes les mêmes réponses.

— Comment alors, une fois arrivés à Tâës, vous a-t-on laissé prendre la route que vous suivez? demandèrent nos interlocuteurs.

— Cette route étant la plus directe, nous l'avons prise sans consulter personne.

— Mais vous n'ignoriez pas cependant qu'il y avait du danger à la suivre?

— S'il y a danger, comment vous y trouvez-vous?

— Connaissez-vous le chef du gouvernement de ce pays?

— Nous ne le connaissons pas, mais nous présumons que, puisqu'il fait partie du territoire de l'imam de Sana, ce chef est un *dôla* nommé par lui.

— Vous vous trompez, l'imam ne commande plus ici.

— Vous voulez vous railler de nous; l'imam est-il donc ou mort ou dépossédé?

— Il est dépossédé par un nouvel imam.

— Et quel est cet imam? Son fils, son cousin, son gendre?

— Non.

— Qui donc enfin?

— Haçan-el-Kébir, c'est-à-dire le mahadi annoncé par notre seigneur Mahomet.

Nous nous inclinâmes à ce nom de Mahomet, répondant en même temps par une locution arabe qui veut dire : « Dieu soit loué ! »

Alors commença une longue énumération des vertus, de la sainteté, du mérite, de la puissance du nouvel imam, par le nom duquel tout le monde jurait déjà.

Nous répondîmes à cela que nous entendions ces nouvelles pour la première fois, et que nous étions heureux de les apprendre, puisqu'elles devaient être le triomphe du culte musulman.

— Vous êtes des Turcs, le mahadi vous recevra donc à merveille ; au reste, vous n'avez plus grand chemin à faire pour le rencontrer.

— N'est-il donc point à Sana? demandâmes-nous. Il y a encore une terrible distance, ce nous semble, de Sana ici.

— Point du tout, il a placé sa résidence dans le paradis terrestre de la contrée. Par le paradis terrestre ils entendaient Djobla et ses environs, c'est-à-dire le pays le plus riche de tout l'Yémen.

— Mais de quel pays est donc le mahadi? continuâmes-nous, comme si nous entendions parler de lui pour la première fois.

— De Sâad et de la famille de l'imam Sâadi.

— Mais, repris-je, j'ai passé à Sâad il y a quelques mois, et l'on ne m'a point parlé de cela.

— Ce n'est pas étonnant. Jeune encore, il alla à la Mecque, et de la Mecque, voyageant comme Mahomet, il parcourut l'Égypte, la Syrie, la Perse et une grande partie de l'Inde, où il fut inspiré de venir dans l'Yémen, sa patrie, pour y régénérer le culte musulman.

L'individu avec lequel j'avais ce colloque était un beau vieillard, très-simplement, mais très-proprement vêtu. La fatigue de son visage attestait des fatigues morales plutôt que physiques; ses rides avaient leurs racines au cœur. Par la déférence dont il était entouré, je pus juger en outre qu'il était un des plus notables du pays. Sa physionomie était ouverte, ses manières étaient courtoises, je n'hésitai pas à prolonger l'entretien.

— Cheik, lui demandai-je, réponds-moi comme un

musulman à un musulman, c'est-à-dire comme un frère à un frère. Vois-tu quelque inconvénient à ce que je parle au mahadi avant de continuer ma route?

— Pas le moins du monde; au contraire, le mahadi ne peut que te bien accueillir. Ses ennemis font courir le bruit qu'il est terrible à tous les musulmans qui n'adoptent pas la foi pure. C'est une calomnie : il ne cherche qu'à les ramener à la vérité. Ton titre de Turc sera pour toi une excellente recommandation, et ta qualité de marchand te protégera près de lui.

— Et quelle distance ai-je encore à parcourir pour le rencontrer?

— Cinq heures de route peut-être. Mais, dans sa résidence officielle, tu ne trouveras que son lieutenant.

— Mais lui, où le trouverai-je?

— Dans les grottes de Djebel-Mharras, qui sont à moitié chemin de la capitale, mais où l'on ne peut arriver qu'en passant par la ville, c'est-à-dire en faisant un immense détour.

— Comment! il habite dans des grottes? mais il y a donc un palais dans ces grottes?

— Non; à l'instar de son prédécesseur Mahomet, il vit à la manière des cénobites, de privations et de recueillement. Ces grottes sont déjà le but du pèlerinage d'un grand nombre de fidèles. Je dois te prévenir, au reste, que tu ne seras pas reçu de prime abord, et, avant d'arriver dans sa capitale, tu trouveras un nouveau camp, comme celui-ci, où l'on t'arrêtera si tu parais suspect.

— Pourquoi paraîtrais-je suspect là-bas si je ne parais pas suspect ici ?

— Parce que la manière de voir des hommes n'est point la même partout, et qu'à plusieurs reprises se sont présentés des gens qui ont voulu l'assassiner. Or, les précautions qu'il ne prend pas, c'est à nous de les prendre pour lui.

— S'il est le mahadi, comment pourrait-on l'assassiner ?

— Mahomet n'a pas dit que le mahadi serait autre chose qu'un homme.

— Mais, pour mériter ce titre de Mahadi-Cheik, il faut qu'il ait fait de bien grandes choses.

— Il a brisé les fers des captifs, il a rendu l'usage de leurs membres à des paralytiques, guéri des aveugles, rendu fécondes des femmes stériles, fait tomber la pluie pour étancher la soif de la terre ; enfin il a opéré tant de miracles, qu'il faudrait être plus aveugle que ceux qu'il a guéris pour douter de la réalité de son caractère. Sa fuite même des prisons de Damas est un prodige.

Je m'inclinai.

— M'est-il permis, demandai-je, de m'arrêter ici et d'y faire le repas du matin?

— Nous allons faire nous-mêmes la collation, et nous réservons toujours la part de l'hôte de Dieu.

C'était une invitation à déjeuner dans toutes les règles, et je n'eus garde de refuser. Avoir rompu le pain et partagé le sel avec un musulman, c'est lui être devenu sacré. Dès lors, la protection de mon hôte m'était acquise ; puis, dans la rusticité de ses manières, le vieillard avait quelque chose de si franc et de si bon, que l'on se sentait entraîné vers lui.

Pendant tout ce temps, mon guide de Moka, qui

nous suivait toujours, se faufilait, de son côté, auprès des nouveaux adeptes. J'étais devenu très-défiant et je ne le perdais pas de vue. J'avais deux opinions sur cet homme : la première, c'est que sa mission spéciale était de m'espionner ; la seconde — et sa conduite en ce moment me faisait pencher vers celle-ci — c'est qu'il était plus spécialement encore chargé d'espionner le mahadi. Dans l'un ou l'autre cas, il devait garder mon secret. Trahir mon secret, c'était se livrer lui-même.

Le repas terminé, nous réenfourchâmes nos montures et prîmes congé de nos hôtes. Le vieillard ne me donna ni guide ni mot de passe. Il me dit seulement :

— Bon voyage, et que Dieu soit avec toi !

Au reste, moi qui connaissais les musulmans, je me doutais bien que mon mot de passe était parti depuis longtemps. Nous marchâmes, pendant l'espace d'une demi-lieue encore, dans la vallée ; puis nous nous trouvâmes à l'entrée d'une gorge étroite, rocailleuse, aride, creusée entre deux montagnes coupées à pic. Cinquante hommes pourraient défendre ce passage contre toute une armée. Cependant, nous n'y rencontrâmes aucun obstacle. Les gens qui le traversaient, allant et venant, étaient des gens du pays.

De l'autre côté du défilé, nous arrivâmes à un village nommé Daschruk. Il est situé de la façon la plus pittoresque sur des collines cultivées. Nous y entrions au moment de la prière, et nous fûmes très-surpris de voir tout le peuple assemblé dans une espèce de prairie et priant en masse au lieu de prier isolément. C'était déjà une des réformes imposées par le nouveau prophète. Nous nous mêlâmes à la prière.

La prière finie, notre interrogatoire recommença. Cette fois le questionneur était plus rude et plus défiant que l'autre. Le résultat de la conférence fut une invitation de rester où nous étions. De pareilles invitations équivalent à des ordres. Aussi demeurâmes-nous. On dessella les dromadaires, on nous donna l'hospitalité comme à des hôtes de distinction, et l'on veilla sur nous sans que cette surveillance fût importune.

Au reste, celui qui nous avait interrogés nous tint compagnie, avec les principaux du village, fai noussant causer le plus possible, probablement dans le but de voir si nous nous trahirions.

A neuf heures du soir arriva un cavalier porteur de dépêches pour le cheik. Cavalier et cheik se retirèrent à l'écart. Deux ou trois notables s'adjoignirent à eux. Un entretien assez vif s'établit, dont nous ne pouvions pas entendre un seul mot. Cependant, aux gestes et au jeu des physionomies, nous jugions qu'il était question de nous. Le cheik se rapprocha de moi.

— Nous allons nous mettre en route, me dit-il.

— Et où allons-nous? demandai-je.

— A Djobla; le naïb du mahadi nous y attend.

Comme c'était ce que je désirais, je ne fis aucune observation et donnai l'ordre de resseller les dromadaires.

A dix heures, après avoir pris congé de nos hôtes, nous nous remîmes en route. Le chemin était très-difficile, tantôt s'enfonçant dans des défilés où nous étions obligés de passer un à un, tantôt s'escarpant au flanc des montagnes. Autant que l'obscurité nous permettait de le voir, le pays était très-cultivé et très-peuplé. De tous côtés on entendait le bêlement des troupeaux et l'aboiement des chiens.

Vers une heure du matin, nous arrivâmes à Djobla. Les portes en étaient fermées. Nous mîmes, comme d'habitude, pied à terre dans un des faubourgs. Une fois les portes d'une ville arabe fermées, rien ne les fait ouvrir que les affaires de première importance. Nous étions horriblement fatigués. Nous nous couchâmes sur des sirirs en attendant le jour. Mais, à peine le soleil levé, nous étions aux portes pour entrer des premiers.

Nous arrivâmes chez le naïb, qui nous fit attendre jusque vers onze heures. Il était évident qu'à son tour il attendait des ordres, car, dès le point du jour, il était prévenu, non-seulement de notre arrivée, mais encore de notre présence chez lui. Nous avions, pendant cette attente, été, de la façon la plus désagréable, l'objet de la curiosité générale.

Enfin, à onze heures, il nous fut permis d'entrer. On ne nous faisait pas de grâce : c'était l'heure de l'audience générale. Nous trouvâmes le naïb entouré de ses gardes. Tout ce qui avait quelque chose à dire au naïb passa devant nous. Quand nous fûmes seuls, il me fit signe d'approcher en me nommant par mon nom. Ce n'était point rassurant. Cependant je fis bonne contenance et m'approchai.

— Comment, Hadji-Abd'el-Hamid, me demanda-t-il, as-tu pu t'exposer à venir ici en sortant des États d'Abou-Arich et du service du chérif Husseïn, où tu as dû apprendre ce qui se passait dans la montagne?

— Sans doute j'ai été informé, lui dis-je, et voilà justement pourquoi j'ai voulu venir.

— Quel intérêt pouvais-tu avoir?

— On m'a parlé du mahadi d'un manière si prodigieuse, que j'ai voulu le voir.

— Pourquoi faire?

— Pour m'entretenir avec lui; est-il donc invisible?

— Le mahadi est informé de ton arrivée, me répondit le naïb. Depuis ta sortie de Moka, il ne te perd pas de vue; je dirai même plus : ta présence à Abou-Arich l'a beaucoup préoccupé, et tes projets de visiter Sana l'inquiètent. Tu es Turc, mais tu es Européen, et, comme tel, on comprend que tu aies le désir de voir ; tes compatriotes sont curieux ; mais, comme Turc, quel intérêt le mahadi peut-il avoir pour toi?

Je fus assez étourdi de cette apostrophe.

— En effet, lui dis-je, je suis Européen de naissance, mais essentiellement musulman, et, comme tel, j'ai droit à m'instruire dans une religion que j'ai adoptée. Si par mon contact avec le mahadi je parviens à m'éclairer, je serai un de ses plus chauds partisans, un de ses plus fervents apôtres.

— Soit; mais tu ne serais pas le premier qui se présentât avec de mauvaises intentions sous un semblable prétexte. Ne t'étonne donc point si l'on te soumet à quelques épreuves.

— A quelles épreuves dois-je être soumis? Je suis prêt !

— A l'initiation complète de la morale du mahadi; puis, quand nous aurons acquis la certitude de ta sincérité, nous te présenterons.

— Oui, répliquai-je ; mais ce noviciat, dépendant

de la bienveillance plus ou moins grande des individus dans les mains desquels je me trouverai, peut durer longtemps, et je n'ai pas le temps d'attendre.

— C'est l'affaire d'une huitaine de jours, répondit le naïb.

Huit jours ne sont rien dans la vie d'un musulman; huit jours étaient beaucoup pour moi, mais je n'avais pas mon libre arbitre, et, comme la ville était jolie et que j'avais une situation curieuse à étudier sous le rapport religieux et politique, j'en pris promptement mon parti. Au reste, l'initiation n'était pas difficile: je n'avais qu'à imiter ce que faisaient les autres et suivre les conférences des mollâhs, qui enseignaient l'abolition des mosquées et des marabouts, sans en excepter ceux de Mahomet et de ses successeurs.

Les wahabytes s'étaient contentés de refuser le culte aux mausolées, mais n'avaient jamais été jusqu'à les détruire.

Les ablutions aussi étaient différentes des autres sectes musulmanes. Au lieu de commencer par la tête, ceux-là commençaient par les pieds. Pour le reste des exercices, ils étaient identiquement les mêmes. On voit qu'il n'avait point fallu une grande imagination au prophète pour inventer cela. Le pèlerinage et le ramadan continuaient de subsister comme loi fondamentale. Mahomet conservait son caractère de fondateur ; seulement, on proscrivait de la façon la plus rigoureuse les vêtements recherchés, l'or et les bijoux ; on n'admettait que les habits de laine dans toute leur simplicité. L'usage du tabac était aboli sous peine de mort. Il va sans dire que tous les mâcheurs de kâad et d'opium étaient compris dans la proscription. Les cinq prières étaient forcées. La polygamie continuait à subsister.

Tout cela était facile à observer et à apprendre. Je me soumis à cette consigne, et j'eus en outre tous les jours des conférences avec le naïb, nommé Ibrahim, qui, au bout du compte, était un brave homme assez intelligent. J'acquis rapidement la conviction que ce schisme avait pour but de détruire l'influence des imams. Il y avait encore une autre probabilité : c'est que quelque puissance étrangère fomentait cette rébellion

Je m'aperçus alors que le fantôme gigantesque qui m'était apparu dans le Théama avec le titre de réforme prenait, au fur et à mesure que je me rapprochais de lui, des proportions beaucoup moins effrayantes. Probablement que, lorsque nous allions nous trouver face à face, je n'aurais plus affaire qu'à un homme s'entourant de mystère et réchauffant par la rigidité de son culte la superstition de ses partisans, auxquels, au bout du compte, il coûtait fort cher.

La ville de Djobla, où j'étais forcé de séjourner, enferme une assez grande étendue de terrain, bâtie qu'elle est, deux tiers sur la colline, un tiers dans la vallée. Les maisons en sont construites en pierre et n'ont qu'un étage surmonté d'une terrasse. Chaque maison a son jardin planté d'arbres fruitiers. Les rues, chose rare en Arabie, sont pavées. Le tout est dominé par des montagnes gigantesques, très-accidentées, cultivées en partie et décharnées à leur cime. Au milieu de cette aridité se trouvent des ruines de vieux châteaux qui, selon les légendes populaires, dateraient de temps antérieurs à l'islamisme.

Cette ville est habitée par environ vingt mille âmes. Elle est le chef-lieu du pays d'*Yémen-Ala*, qu'on appelle en général le grenier de l'Yémen. Elle fait un grand commerce avec Mascate au moyen d'une herbe nommée *wars*, de laquelle on tire une belle teinture jaune. Une grande rivière passe à côté : c'est l'Ouadi-Zébid, qui prend sa source dans les montagnes du Djebel, et, courant à l'ouest, va se jeter dans la mer Rouge, tandis que l'Ouadi-Meidan, qui sort des mêmes montagnes et qui roule beaucoup plus d'eau, s'étend vers le sud et va, près d'Aden, se jeter dans l'océan Indien.

Deux énormes citadelles donnent à la ville la forme d'un amphithéâtre. Le mur qui l'entoure est moderne et date de l'occupation turque. Hors de la ville s'élevait le tombeau d'un saint homme nommé Omar Ibn-Seïd ; ce tombeau était fermé pour le moment.

La population est excellente, affable et hospitalière. Les femmes y sont d'une beauté remarquable. Je n'eus pendant tout mon séjour à Djobla qu'à me louer de ces excellentes gens. Leur commerce de café, de blé et de savon répand une visible abondance parmi eux. Ils vendent aussi des pierres précieuses, spéciales à l'Yémen, que l'on appelle *akaki-yémani* et qu'on trouve dans toutes les montagnes de la contrée, mais surtout dans celles de Damar. C'est une espèce de cornaline d'un brun clair. Les Arabes la font enchâsser, la portent au petit doigt, en bracelet, au-dessus du coude et à la ceinture. En cas de blessure, l'application de cette pierre sur la plaie arrête, selon eux, l'hémorrhagie. Pour s'assurer qu'elle est véritable, ils l'entourent de papier et approchent un charbon de ce papier; si elle est véritable, le papier doit rester intact. Aëcha, la femme bien-aimée de Mahomet, portait toujours un collier de ces pierres, qui se transportent notamment à Surate et en Chine.

Les Arabes prétendent aussi qu'il existe dans les mêmes montagnes des mines d'émeraudes qui ont été exploitées autrefois, mais dont la trace est perdue.

Le septième jour, le mahadi fit demander de mes nouvelles par des envoyés particuliers qui eurent plutôt l'air de venir pour pénétrer ma pensée que pour s'enquérir de mon état. Ils me prévinrent en même temps que, selon toute probabilité, j'aurais l'insigne honneur d'être présenté le lendemain à leur chef, mais seul. Je ne tenais nullement à ce que Sélim et Mohammed le vissent. Je ne fis donc aucune observation. A cet effet, ajoutèrent-ils, je devais me mettre en route la nuit.

C'était assez notre habitude ; ce fut donc ce que nous fîmes. Nous prîmes le chemin des montagnes Mharras. Au fur et à mesure que nous approchions, nous trouvions le chemin encombré de mendiants, d'aveugles, de lépreux, de bancals, de paralytiques. Les femmes et les filles étaient au moins pour moitié dans cette foule. Tous ces malheureux étaient fanatisés. Ils se préparaient par le jeûne et par la prière aux miracles qui devaient s'opérer sur eux. Nous passâmes au milieu de tous ces pèlerins, dont quelques-uns, pour être encore plus agréables au prophète, se mortifiaient en se mettant des colliers de fer au cou et des chaînes aux pieds. J'en vis plusieurs qui se faisaient flageller avec des lanières de cuir.

Nous atteignîmes enfin le petit village qui porte le même nom que la montagne et qui se trouve sur les premiers mamelons. Nous mîmes pied à terre à la porte d'un immense caravansérail bâti pour la circonstance. Il était comble et nous ne pûmes y trouver de place. Nous fûmes obligés de camper dehors, en attendant que les messagers qui étaient venus me prendre, et qui s'étaient immédiatement rendus près du mahadi, vinssent me reprendre. Deux étaient restés près de moi.

IX

Les grottes étaient situées aux deux tiers de la hauteur de la montagne; la route qui y conduisait était large et bien frayée. De place en place des escaliers, faits de main d'homme, facilitaient l'ascension. Ces grottes paraissaient fort anciennes. Elles étaient évidemment de vieilles mines abandonnées, et le chemin qui conduisait jusqu'à la cime, où tombait en ruines un vieux fort, avait servi à la fois aux mineurs qui creusaient les mines et au seigneur qui habitait ce fort.

Une fois arrivés aux grottes, le mahadi ne nous fit point attendre. Nous fûmes introduits à travers plusieurs grottes très-vastes, servant d'antichambre, et nous arrivâmes enfin à celle qui servait de demeure au mahadi, et qui n'était éclairée que par une espèce de soupirail communiquant avec l'extérieur.

Le prophète était entouré de ses apôtres, assis à terre sur un simple paillasson, et plus simplement mis que tous ceux qui l'entouraient. Il était vêtu d'un caftan vert et coiffé d'un turban blanc; quoique jeune (il était âgé de trente-cinq ans à peine), il avait la barbe complétement blanche. Sa parole était à la fois douce et harmonieuse, parfaitement à l'unisson de ses beaux yeux et de sa physionomie calme et bienveillante, imposante cependant. Les Arabes, en le regardant, s'inclinaient et le disaient illuminé d'une flamme intérieure. Lui, comme le naïb, me nomma par mon nom.

— Approche, Hadji-Abd'el-Hamid, me dit-il, et sois le bienvenu devant moi. Depuis quelque temps, je le sais, tu manifestes le désir de me voir; si je ne t'ai point reçu plus tôt, c'est que je suis accablé d'affaires. Regarde et juge.

En effet, il était entouré d'une véritable barricade de lettres auxquelles cinq ou six tolbas répondaient, écrivant sur leurs genoux et trempant leur plume de bambou dans l'encrier qu'ils portaient à leur ceinture. Chaque lettre était ensuite mise sous les yeux du mahadi. Il y appliquait un énorme cachet entouré d'une légende arabe et portant son nom au milieu :

Haçan-el-Mahadi, ou *Haçan le Messie.*

Au lieu de passer son cachet à l'encre de Chine, comme c'est l'habitude, il le noircissait à la fumée d'une lampe qui brûlait près de lui, et l'appliquait au bas de la lettre.

Tous ces écrivains étaient courbés bien plus sous

la sainteté du lieu et sous la vénération que leur inspirait la présence du mahadi, que par l'importance de leur besogne. Comme s'ils eussent été sourds et muets, le prophète ne s'inquiétait pas le moins du monde de leur présence. Il parlait, interrogeait, ordonnait devant eux. Ils semblaient n'avoir ni yeux ni oreilles. Le mahadi, au contraire, ne perdait pas une syllabe de ce qui se disait autour de lui. Tout l'auditoire était debout. Comme il m'y avait invité, je jetai un coup d'œil autour de moi, et je vis qu'en effet il ne perdait pas de temps.

J'indiquai par une inclination de tête que j'appréciais la façon dont il employait ses journées. Alors il commença de me questionner sur le chérif Husseïn, sur le chérif Heïder, sur les villes du littoral et sur l'opinion des populations à son égard, disant lui-même qu'on devait, dans le Théama, le désigner comme un brigand et un assassin, tandis que, ajoutait-il, il n'était en réalité que le messager du Seigneur, chargé de châtier les méchants et de récompenser les justes.

Je me gardai bien de contester sa prétention. Je m'inclinai, au contraire, en signe d'assentiment.

— Lorsque je quittai Abou-Arich, lui répondis-je, le chérif ignorait complétement ton existence. Dans toutes les villes où j'ai passé, j'ai trouvé la même ignorance. A Hâs, pour la première fois, j'ai entendu prononcer ton nom ; à Moka, j'ai été témoin de la terreur qu'il inspirait.

Il sourit.

— En effet, dit-il, avec toutes leurs armées, toutes leurs munitions, toutes leurs armes, toutes leurs villes fortifiées, les chérifs ne me résisteront pas plus que l'imam, car je les frapperai tous avec l'épée de Dieu. L'imam de Sana et les chérifs sont des tyrans qui ont usurpé le pouvoir et dont il est temps que justice soit faite. Husseïn est encore le plus fort et le meilleur de tous; avec lui, peut-être, pourrai-je m'entendre ; mais avec l'imam de Sana, jamais.

Je compris comment le mahadi ne s'entendrait jamais avec l'imam de Sana, qui prenait lui-même le titre d'apôtre, comme les sultans de Constantinople et du Maroc.

— Au reste, je tiens ce dernier, continua-t-il. Outre ce que j'ai demandé, les populations de l'Hadramont et du Mareb se réuniront immédiatement à moi. Husseïn, qui a intérêt à la chute de l'imam, ne lui prêtera aucun secours; au contraire, il m'aidera à l'écraser, sauf ensuite à nous entendre ensemble; ma conviction est donc que je réussirai dans mon entreprise.

— Je ne doute aucunement de son succès, lui répondis-je; cependant je doute que tu puisses faire marcher sous la même bannière les populations de l'Hadramont et du Mareb, qui sont continuellement en guerre les unes avec les autres. D'ailleurs, tous ces petits princes n'admettent pas de supérieurs.

— Ils admettront une puissance qui viendra au nom d'Allah; si je marche à leur tête, ce ne sera point comme chef, ce sera comme prophète. En tout cas, nous nous reverrons et nous causerons plus à l'aise de toutes ces questions-là. Je désire te garder encore quelques jours.

— Je demanderai, malgré l'honneur que tu me fais en me retenant près de toi, que tu me retiennes le moins longtemps possible ; j'ai besoin de me rendre promptement à Sana.

— Et de Sana? demanda le mahadi.

— De Sana, probablement à la Mecque.

— Mais tu t'ennuies donc ici? Que te manque-t-il?

— Rien, lui répondis-je.

— Nous pourvoirons à tes besoins de manière à y satisfaire en toutes choses. D'ailleurs, à quoi bon aller à Sana? à quoi bon aller à la Mecque? Ne peux-tu faire ici ce que tu ferais là-bas?

— Ce serait avec plaisir, lui répondis-je ; mais j'ai une famille, et je ne saurais vivre loin d'elle.

— Soit; mais je veux te revoir.

— Quand cela?

— Demain.

Je me retirai. Mes guides me ramenèrent au petit village qui est au pied de la montagne. Cette fois nous n'eûmes pas besoin de disputer notre place dans le caravansérail.

On nous avait préparé une petite maison dont le cheik du village avait l'ordre de nous faire les honneurs. On sait au reste à quoi s'en tenir sur ces sortes d'hospitalités qui coûtent toujours plus cher que si l'on faisait soi-même la dépense.

Cette journée n'offrit rien autre chose de remarquable, si ce n'est que, sans attendre le lendemain, le mahadi me fit venir.

Cette fois il était seul, avec deux ou trois intimes seulement, et dans un compartiment plus écarté des mêmes grottes.

Il était éclairé par d'énormes bougies jaunes qui donnaient à la grotte l'aspect d'une chapelle. La lumière des bougies faisait reluire l'humidité des parois, et l'on entendait l'eau qui tombait goutte à goutte dans un angle.

Le mahadi m'accueillit très-affectueusement, et comme si nous n'étions pas, lui un prophète et moi un simple mortel. C'était à l'heure de la dernière prière. Nous la fîmes ensemble, en petit comité. Après la prière vint une collation. La frugalité des mets correspondait à la simplicité des vêtements et à la rusticité du domicile. Après ce repas, silencieux comme le sont ordinairement les repas arabes, les intimes se retirèrent, et je restai seul avec le prophète.

— Tu vois, me dit-il, que je te sers selon tes souhaits, et je n'ai pas voulu te faire attendre. Je sais que ton temps est précieux ; je connais le projet qui te fait parcourir nos montagnes ; plusieurs de tes compatriotes déjà les ont visitées à différentes époques. Je n'approuve pas ton intention d'aller à Sana, non point personnellement à cause de moi, mais parce qu'il pourrait t'arriver malheur. L'imam de Sana est un *maboul* idiot, un *behein*, un âne ; il ne respectera ni toi, ni ton intelligence européenne, ni ton caractère musulman ; il ne verra dans ta personne qu'un agent d'Husseïn. Si tu insistes pour aller à sa cour, veille sur toi. Je sais que ton intention est de te rendre à Bagdad, bien que tu m'aies dit que tu allais à la Mecque. Si tu vas de Sana à Bagdad, tu seras obligé de traverser le désert, et tu y resteras ; de quelque titre que tu te pares, de quelque travestissement que tu te couvres, tu n'en seras pas moins reconnu. Tes pieds européens te vendront partout; leurs doigts ont été trop longtemps serrés par des bottes pour que tu puisses faire croire que tu as toujours porté la sandale.

» A l'est de Sana, tu trouveras des populations tout à fait barbares qui ne te pardonneront pas les tentatives que tu pourras faire pour passer sur leur territoire, et sois bien sûr en tout cas d'une chose, c'est que, quand l'imam ne te maltraiterait pas dans ses propres États, il trouverait moyen de se débarrasser de toi une fois que tu en serais sorti. Il sait, comme j'ai pu le savoir moi-même, ton séjour à Abou-Arich, ton passage dans tout le Théama; je dirai plus : il sait que dans ce moment-ci tu es auprès de moi; ses agents pénètrent jusqu'au milieu de mes familiers.

» Eh bien! crois-tu qu'avec toutes ces raisons de lui être suspect, il te reçoive sans défiance? Certes son abord sera bienveillant; il paraîtra s'intéresser à toi, vouloir te seconder dans tes recherches, et te demander des conseils; il les suivra même s'il les trouve bons, mais il te sacrifiera à ses premières craintes, et tous ses officiers applaudiront, car chacun, en te voyant venir, craindra que tu ne viennes prendre sa place. Pars donc pour Sana si tu le veux absolument; non-seulement je ne m'y oppose pas, mais encore je te donnerai toute protection jusqu'aux limites de mon territoire. Mais, encore une fois, si tu étais un homme sage, tout en continuant ton voyage, tu éviterais Sana, tu gagnerais le Mareb avec des lettres de moi qui y faciliteraient ton passage, et, puisque tu veux *voir*, tu trouverais là des villes inconnues aux Européens, et la ligne de ces villes te conduirait, à travers l'Hadramont et en longeant les mers de sable, jusqu'à Mokallâh, dans la mer des Indes, où tu trouverais toutes les occasions possibles pour te conduire à Mascate. De Mascate à Bagdad, tu n'aurais plus qu'un pas. J'ai vu tout ce que tu veux voir, crois donc en mon expérience de voyageur.

» Maintenant, que ce que tu vas voir ne te fasse pas oublier ce que tu vois. Musulman par l'habit et par le cœur, peut-être tu n'en es pas moins Européen par les habitudes. Je connais la curiosité des Européens, et je comprends ce qu'un autre que moi ne comprendrait point peut-être. Sache donc ce que nul ne sait que moi, c'est que nous sommes ici dans un lieu sacré dont parle le Coran. Ces grottes que j'habite ne sont autres que les cavernes des Sept-Dormants. Tous les forts que tu vois sur les montagnes environnantes sont des forts sabéens. Tu trouveras les restes de leur ancienne capitale dans le Mareb, et sur ces restes des caractères que personne ne peut lire et qui appartiennent à la langue himyarite.

» A Damar et à Sana, tu trouveras des caractères coufiques. Je les ai lus, car je connais la vieille langue arabe. Sur le mont Hirran, près de Damar, tu trouveras d'autres grottes pareilles à celles-ci, plus grandes même. Ce sont d'anciennes carrières qui méritent d'être visitées, parce qu'avant de devenir carrières elles ont été minées et qu'on en a tiré du soufre et du fer avant d'en extraire de la pierre. Tu y trouveras encore des filons de minerai, mais de cuivre, et une source d'eau chaude. Ces mines, comme ces carrières et comme les carrières de Taës ont été, il y a cent ans à peu près, occupées par des faux monnoyeurs qui se sont emparés de tout le bon argent de l'imam qui régnait à cette époque et lui ont rendu de l'argent faux. Tu vois que, quoique je ne sois pas Européen, je n'ai point voyagé les yeux fermés. Ouvre les tiens, et surtout sur le danger. »

Je le remerciai beaucoup pour ses conseils et pour l'intérêt qu'il prenait à ma sûreté personnelle.

— Mais, lui dis-je, comme mahadi, tu dois savoir que ce qui est écrit est écrit, et que l'homme ne saurait rien changer à sa destinée?

— Tu as raison : ce qui est écrit est écrit. Maintenant, avant que tu me quittes, j'ai à mon tour un renseignement à te demander. En Europe, s'occupe-t-on de magnétisme?

— Oui, répondis-je, et quelques savants même s'en occupent d'une manière très-sérieuse.

— Peux-tu me dire de quelle façon on procède?

— Mais comme en Orient, je présume.

— T'es-tu occupé de magnétisme?

— En France, oui; mais pas depuis que je suis en Orient.

— Tu sais que le magnétisme remonte à la plus haute antiquité?

— Je le sais.

— Croit-on en France au magnétisme?

— Les uns croient, les autres nient.

— Et à quoi l'applique-t-on?

— Un savant français l'a appliqué à la chirurgie et a fait des opérations pendant le sommeil des magnétisés.

— A-t-il opéré sur des hommes ou sur des femmes?

— Sur des femmes particulièrement. Les femmes, étant plus nerveuses, sont plus facilement soumises à l'action du magnétisme.

— Et quel genre d'opérations a-t-il faites?

— Toutes, mais particulièrement l'ablation du sein dans les cas de cancer.

Le mahadi réfléchit un instant.

— Tu es médecin? me demanda-t-il.

— Ou

— Peux-tu faire quelqu'une de ces expériences devant moi?

— Je suis médecin, mais non chirurgien.

Il ne comprenait pas bien la différence qui existait entre les deux professions. Je la lui expliquai.

— Quelle expérience peux-tu me faire?

— Celle de l'insensibilité contre la douleur.

— J'ai des esclaves des deux sexes. Sur quel sexe préfères-tu faire cette expérience?

— J'aimerais mieux la faire sur une jeune fille.

— De quelle race?

— As-tu une Abyssine? Ce sont des sujets excellents.

Le mahadi frappa dans ses mains et ordonna qu'on lui amenât une esclave qu'il appela par son nom.

Cinq minutes après, une jeune fille entrait voilée.

— Est-il besoin qu'elle ôte son voile? demanda-t-il.

— C'est inutile, répondis-je.

L'enfant tremblait. Le mahadi lui dit de sa voix la plus douce quelques mots pour la rassurer. La jeune fille s'accroupit sur une natte. Je me plaçai devant elle.

Je n'ai jamais, dans mes expériences de magnétisme, employé les passes. Je me suis contenté de prendre les deux mains du sujet, de les envelopper des deux miennes, et de commander fortement au sommeil de s'emparer de lui. Il est rare, quand j'opère sur une femme jeune et nerveuse, qu'au bout de cinq minutes elle ne dorme pas. Au bout de cinq minutes notre sujet dormait donc du plus profond sommeil magnétique.

— Quel moyen as-tu employé? me dit le mahadi.

— Aucun autre que ma volonté, un ordre muet et doux pour ne point irriter le sujet. Au reste, habituée à obéir, l'esclave réagit moins par la volonté qu'une Européenne. Celle-ci, qui ignorait ce que l'on voulait d'elle, n'a pas réagi du tout, et, tu le vois, elle a subi complètement et rapidement l'influence de ma volonté.

— Oui, je le vois, dit le mahadi très-attentif à l'opération.

Je compris qu'il avait quelques notions du magnétisme, mais que, ces notions étant peu avancées, il désirait se mettre au courant. Une jeune et belle esclave, subissant sa volonté et manifestant devant ses adeptes les différents prodiges du magnétisme, pouvait lui être très-utile dans son rôle de prophète.

— Maintenant, veux-tu que je la fasse passer par les différentes phases du magnétisme?

— Oui; tu peux la mettre en extase?

— Parfaitement; seulement il faut, pour que tu voies l'effet de l'extase, qu'elle ait le visage découvert.

— Ote-lui son voile.

— Attends, nous allons voir si elle entend. Comment se nomme-t-elle?

— Nedjina.

— Appelle-la de son nom.

— Nedjina? dit Haçan.

La jeune fille tressaillit.

— Appelle une seconde fois, elle a entendu.

Il répéta le nom de Nedjina avec un accent plus impératif.

— Sidi, répondit la jeune fille, c'est-à-dire *maître*.

— Tu vois, lui dis-je, elle entend.

— Oui.

— Ordonne-lui d'ôter son voile, et elle obéira.

Le mahadi donna l'ordre, Nedjina obéit. C'était une enfant de douze à treize ans, au nez fin et droit, aux cheveux crépus et tressés en une multitude de petites nattes, aux joues légèrement saillantes, au teint bronzé, aux sourcils noirs, aux cils longs. Ses lèvres entr'ouvertes laissaient voir des dents blanches comme des perles.

— Je voudrais bien, dis-je au mahadi, avoir quelques-uns de ces coussins pour lui en faire un appui, et cependant je ne voudrais pas quitter ses mains de peur de perdre mon influence sur elle.

Le mahadi alla chercher les coussins lui-même et les appuya contre les reins de la jeune esclave. Sans la toucher, et du geste, en poussant l'air devant moi, je la renversai la tête en arrière. Le hasard m'avait fait rencontrer un sujet admirable. Sur un second geste de ma main, accompagné de l'expression muette de ma volonté, les yeux s'ouvrirent. Ils étaient si beaux qu'on eût cru que l'état dans lequel se trouvait la jeune fille doublait leur grandeur.

Elle était en extase. On eut beau lui approcher des yeux la flamme d'un flambeau, ses paupières ne bougèrent point. Une goutte de cire brûlante tomba sur sa joue; elle y fut insensible.

— Peut-elle parler dans cet état? demanda le mahadi.

— Je le crois; parle toi-même, et elle répétera tes paroles.

— Il n'est pas d'autre Dieu que Dieu, dit le mahadi, et Mahomet est son prophète.

L'enfant répéta les paroles du mahadi, mais d'une voix automatique, sans timbre et sans accent, pareille à celle des sourds-muets quand ils répètent des paroles devinées d'après le mouvement des lèvres.

— Oh! s'écria le mahadi, très-bien!

— Maintenant, lui dis-je, tu as vu que la cire bouillante l'a touchée sans qu'elle s'en aperçût.

— Oui, dit-il.

— As-tu un sikin?

Le sikin est un canif avec lequel les Arabes taillent leurs plumes de roseau.

— Oui, dit-il.

Et de l'étui d'un des talebs, il tira un sikin et me le présenta. Je choisis un endroit du bras où je ne pouvais endommager ni nerf, ni veine, ni artère, et fis glisser la lame du sikin entre les muscles de l'enfant jusqu'à ce que la lame disparût à moitié. La dormeuse ne donna aucun signe de douleur, et continua de rester les yeux démesurément ouverts et la tête renversée. Le sang sortit à peine de la blessure.

— Tu vois, lui dis-je, elle n'a rien senti.

Je tirai le sikin de la plaie. L'enfant ne bougea pas plus à la sortie qu'à l'entrée du fer. Le bras était en catalepsie.

— Maintenant, dis-je au mahadi, essaye de lui faire plier le bras.

Il y employa toutes ses forces et échoua. Pendant ce temps, la figure restait impassible. Dans l'état de veille, il est évident que ces diverses tentatives eussent fait horriblement souffrir l'enfant.

— Tu as vu? lui dis-je.

— Oui.

Il parut hésiter à me faire une question. Je le regardai.

— Crois-tu, me dit-il, que je pourrai sur elle ce que tu peux, toi ?

— Demande-le-lui.

Je mis les deux mains de l'enfant dans celles du mahadi. A cette substitution, la dormeuse poussa une espèce de gémissement, comme si quelque chose se brisait en elle.

— M'obéiras-tu comme tu obéis au hadji, Nedjina ? lui demanda-t-il.

Il fut obligé de renouveler une seconde fois sa question.

— Oui, dit-elle, mais il faut que ce soit toi qui m'endormes.

— Et pourrai-je t'endormir ?

— N'es-tu pas mon maître ?

— Puis-je t'interroger, et veux-tu me répondre ?

— Dis au hadji de me tirer du boutelli, cela me fatigue.

Par le mot *boutelli*, elle entendait un état participant du cauchemar et de l'extase. Je me hâtai de lui fermer les yeux et de rendre la souplesse à ses membres. Alors, avec un soupir, elle porta la main à la blessure de son bras. Mais je touchai la plaie avec le doigt, et la douleur disparut.

— Crois-tu qu'elle verra? me demanda le mahadi.

— Je le crois. Demande-le-lui.

— Verras-tu? demanda le mahadi.

— Oui, dit la jeune fille, mais endormie par toi; maintenant je ne verrais que pour lui.

— Fais-lui deux ou trois questions, me dit le mahadi.

Je repris les mains de l'enfant, qui poussa une exclamation de bien-être. Elle semblait rentrer dans son état normal.

— D'où viens-je? lui demandai-je.

Elle s'orienta et tendit la main vers le sud.

— Tu viens de là, dit-elle.

En effet, Taës était au sud de Djobla.

— Et où vais-je?

Elle étendit la main vers le nord.

— Tu vas là, dit-elle.

En effet, j'allais à Sana.

— Ai-je quelque danger à craindre sur ma route?

— Tu as couru un grand danger, mais il est passé.

Je me retournai en souriant vers le mahadi.

— Tu sais mieux que personne, lui demandai-je, si elle dit vrai.

— Il est passé, répéta-t-il.

Puis, après un instant :

— Réveille Nedjina, me dit-il.

L'enfant fut aussi facile à éveiller qu'elle avait été facile à endormir. Elle ouvrit ses grands yeux, qui s'étaient refermés après l'extase, regarda avec étonnement autour d'elle, vit deux personnes, sentit qu'elle avait le visage découvert, prit son voile et s'en enveloppa.

— Maintenant, lui demandai-je, puis-je partir?

— Tu le peux, et si à ton tour tu désires de moi quelque chose avant ton départ, demande.

— Je te remercie, je n'ai besoin que d'un sauf-conduit ou d'un mot de passe.

— Attends encore, me dit-il, c'est dans ton intérêt que je vais te faire cette question.

— J'écoute.

X

— Es-tu franc-maçon ? me demanda le mahadi.
— Oui.
— Quel grade occupes-tu dans la compagnie ?
— Je suis simple maçon, mais mon père était vénérable.
— Moi, je suis rose-croix.

Il me fit voir ses insignes.

— J'ai été reçu à Malte, ajouta-t-il, en 1236 de l'hégire. Dans tous les États de l'imam, et dans le Théama, tu ne trouveras pas de franc-maçon ; mais dans les tribus indépendantes, et dans tous les pays à l'est de l'Yémen, dans l'Hadramont, dans l'Oman, dans le Nedjêd et chez les Anèzes, tu trouveras des frères.

— Je le sais.

— Mais sais-tu de quelle façon se font les épreuves?

— Je présume qu'elles se font comme chez nous, en Europe.

— Non pas, et voilà l'erreur contre laquelle je veux te prémunir ; service pour service.

— Soit; parle, je t'écoute.

— Eh bien! les épreuves se font au moment où l'on s'y attend le moins, en plein air, avec le premier venu, à l'arrivée, au départ, pendant le séjour ; toute la population prend part à l'épreuve, tout sera épreuve. Considère donc chaque chose qui t'arrivera comme une épreuve. On criera aux armes au milieu de la nuit, on te surprendra, on t'arrêtera, on feindra de vouloir t'assassiner; tout cela, épreuve. Il y aura des dangers réels au milieu de tout cela ; traite le danger lui-même comme une épreuve, et tu auras une chance de plus d'échapper au danger. Là, la franc-maçonnerie est merveilleusement établie ; elle correspond avec l'Inde, la Perse, la Syrie, l'Asie Mineure et Constantinople.

— Mais dans quel but cette franc-maçonnerie est-elle établie ? lui demandai-je. Quel en est le fondateur ?

— C'est un nagib nommé Mohammed-Ibn-Abd'Allah, seigneur de Wadâa, dont la famille prend son origine dans le Haschid-el-Békil ; tu trouveras encore les ruines de son palais sur le mont Sumata, la plus haute montagne de l'Yémen. Quant à son but, elle a pour objet principal de surveiller les étrangers, de les empêcher de venir espionner les tribus nomades, de s'insinuer dans leur vie, de s'immiscer dans leurs affaires et de communiquer le venin de leur civilisation aux enfants d'Abraham.

— Avez-vous un grand maître ?

— Non, Mahomet et ses successeurs eussent seuls été dignes d'être les grands maîtres d'une pareille institution.

— Mais, lui dis-je, voilà ton affaire, à toi ; puisque

tu es le mahadi, c'est-à-dire le successeur prédit de Mahomet, tu n'as qu'à te proclamer grand maître.

— Laisse-moi renverser l'imam de Sana et nous verrons après. Mais, ajouta-t-il, le temps s'écoule ; tu es pressé de partir ; je t'ai dit ce qu'il t'était important de savoir ; avec cet avis, et en t'y conformant, tu peux faire ce que jusqu'ici aucun Européen n'a pu faire. Seulement, cache bien ta science et ne t'en sers que dans les grandes occasions. Quant à la façon dont je t'ai reçu, quant à la confiance que tu m'as inspirée, ne t'en étonne point. J'ai obéi à l'inspiration. Maintenant voici ton sauf-conduit. Bon voyage et Dieu te garde !

Nous nous embrassâmes à la manière orientale ; nous échangeâmes le signe maçonnique ; je le laissai dans la grotte avec Nedjina, et j'allai rejoindre Sélim et Mohammed, qui m'attendaient à Djobla

Nous étions dans la nuit du 12 au 13 juin. A peine nous mettions-nous en route avec mon guide de Moka et le sauf-conduit du mahadi, qu'un orage épouvantable éclata en pluie et en tonnerre. A l'instant même, les torrents se remplirent et roulèrent leurs eaux. Notre route devint le lit d'une rivière ; nos chameaux étaient dans l'eau jusqu'au ventre. Nous fûmes obligés de hisser sur un de nos dromadaires notre guide qui était à pied.

Par bonheur, nous n'avions qu'une courte distance à parcourir pour arriver à Abb, la seconde ville de la province après Djobla. Nous y arrivâmes vers minuit, mais sans pouvoir aller plus loin. Tout voyage était devenu impossible par un pareil temps.

Le lendemain matin, nous nous remîmes en route. Le pays était complètement ravagé par l'orage de la veille. Au reste, un constructeur inconnu, voulant utiliser les fréquents orages qui ont lieu dans le pays, avait bâti un aqueduc de trois ou quatre cents pas de long, pour recueillir les eaux de pluie et les conduire dans une immense citerne située près d'une mosquée. Plus nous avancions vers le village de Sûk, plus notre route devenait impraticable, encombrée qu'elle était par des arbres déracinés, des roches et des éboulements de terrain.

Sûk veut dire foire. Il y a peut-être dans l'Yémen vingt villages que l'on désigne sous le nom de Sûk, et qui tirent ce nom du marché qui y a lieu chaque semaine. Nous nous arrêtâmes dans ce grand village, dont la population est de deux mille âmes à peu près. A deux heures, nous nous mettions en route pour Méchader, petite ville dominée par une montagne et par sa citadelle.

La pluie n'avait fait que raviver la verdure. Nous fîmes halte dans un caravansérail extérieur. Nous y rencontrâmes une quarantaine de voyageurs prêts à se mettre en route en caravane pour Damar.

Tout le monde était fort préoccupé des événements du pays. Je me gardai bien de dire que je venais de voir le mahadi, pour n'être pas forcé de répondre aux questions que l'on m'eût faites.

A minuit, nous partîmes en caravane. L'étape était longue. En partant, nous laissâmes à notre droite les ruines du Dhafâr. C'était là que, selon le mahadi, je trouverais, si j'avais le temps de m'écarter de ma route, des inscriptions himyârites.

Cette ville passe pour avoir été l'ancienne capitale des rois himyârites.

En laissant à notre gauche les monts Sumara, nous traversâmes successivement les villes et les villages de Iérim, Hobâsch, Dikessûb, Molos, et enfin nous arrivâmes dans le pâté des montagnes d'Hiran, où se trouve située Damar. A Damar, nous sortions du pays révolté et nous rentrions dans les États de l'imam. Damar était encore fidèle à l'imam.

Sur les limites des États révoltés, l'homme que, sur les ordres du mahadi, nous avait donné le naïb, nous quitta.

A Damar, les contrariétés commencèrent. D'où venions-nous? qui étions-nous? comment avions-nous traversé le pays du mahadi? Le dôla nous fit venir. L'interrogatoire fut long. A la suite de l'interrogatoire, il nous fut permis de continuer notre route. Le dôla savait bien que nous serions arrêtés plus loin.

Ce qu'il y a de remarquable à Damar, c'est une académie seïdiyé, où beaucoup de jeunes Arabes apprennent le Coran, les mathématiques et l'astronomie.

Damar est une ville de dix à douze mille âmes. Nous traversâmes Kodda, petite ville fortifiée. Les champs et le désert qui l'avoisinent foisonnent de vipères. Nous avions été prévenus de cette circonstance et nous avions évité de mettre pied à terre. Vers le soir, nous arrivâmes à Doran ; nous y couchâmes après avoir subi un second interrogatoire du dôla, qui finit par prendre sur lui la responsabilité de notre passage.

Vers minuit, nous nous remîmes en route. Vers dix heures du matin, nous étions à Kodda, petit village situé à trois lieues au sud de Sana. Nous fîmes halte pour laisser passer la chaleur et nous remettre en route dans l'après-midi.

A trois heures nous partîmes. A six heures nous entrions dans le faubourg de Sana. Ce faubourg se nomme *Bir-el-Assab*, puits des Joncs. Il n'était point possible d'entrer dans la ville sans une autorisation de l'imam de Sana. La défense était surtout rigoureuse pour les voyageurs venant de Djobla.

Nous descendîmes comme d'habitude dans un caravansérail. Il va sans dire que, comme toujours, la population, avide de nouvelles, s'amassa autour de nous. Nous étions très-fatigués et par conséquent peu disposés à faire la conversation. Je soupai et me couchai en recommandant à Sélim de ne me réveiller que pour affaire importante.

Le lendemain matin, de très-bonne heure, un des officiers du palais se présentait à moi et m'invitait à le suivre chez le vizir. L'invitation, du reste, était faite de la façon la plus polie du monde. Dix minutes après, j'étais dans l'antichambre de Sa Seigneurie. J'y restai deux heures. Ce n'était point pour me faire attendre, mais pour donner audience aux personnes arrivées avant moi.

Enfin, mon tour vint et je fus introduit. Le vizir avait tout simplement l'air d'un gredin. Maigre, chétif, insolent, avec des doigts crochus et faits pour la rapine ; ayant le type juif plutôt qu'arabe, vêtu d'habits râpés destinés à cacher ses richesses, précaution qui n'est pas inutile dans un pays où il faut des années pour s'enrichir et où le caprice du maître vous fait pauvre en une heure. Ce vizir était accroupi sur une vieille natte de paille de riz, mâchant du kâad, et fumant de temps à autre une bouffée dans un narghillé. L'habitude est qu'on lui baise la main. Je me contentai de le saluer à la manière turque, et de lui demander à quelle occasion il m'avait fait l'honneur de m'appeler.

— Qui es-tu ? me demanda-t-il.

— Pour te répondre, il faudrait que je susse d'abord moi-même qui tu es.

— Je suis le *fakih* de Sana.

— C'est bien. Maintenant je suis prêt à te répondre.

Les gardes paraissaient fort scandalisés de ma manière de parler à un si grand seigneur.

— Je t'ai demandé qui tu étais ?

— Hadji-Abd'el-Hamid.

— D'où viens-tu ?

— De Moka.

— Quelle route as-tu suivie ?

— La route ordinaire.

— Et tu n'as pas rencontré d'obstacle dans ton voyage?

— J'ai rencontré des hommes qui m'ont arrêté, qui, comme toi, m'ont demandé qui j'étais et ce que je faisais, et qui, voyant que je n'étais qu'un marchand, m'ont laissé passer.

— Est-ce au nom de l'imam que l'on t'a arrêté?

— Oui, mais au nom de l'imam El-Mahadi.

— Comment, au nom de l'imam El-Mahadi? L'imam de Sana ne se nomme pas ainsi. Son nom est Nassr-ed-Din.

— Je n'en sais rien, je suis un marchand.

— Tu n'es donc jamais venu à Sana?

— Jamais.

— Et as-tu vu l'imam?

— Non, je n'ai vu que son naïb, qui se trouve à Djobla, où l'on m'a retenu plusieurs jours.

— T'a-t-on maltraité?

— Non, on s'est contenté de me faire des questions auxquelles je n'ai pu répondre, n'étant pas du pays et n'ayant qu'une idée bien vague de la façon dont le gouvernement est constitué.

— Tu n'es point natif de Moka, alors?

— Je suis Turc.

— De quelle partie de la Turquie ?

— De la Mecque.

— Comment de la Mecque ! Tu es né à la Mecque ?

— Oui.

— Mais tu es Français ?

— J'ai dit que j'étais né à la Mecque, parce que c'est à la Mecque que je suis devenu musulman.

— Tu n'es donc pas Français, alors ?

— Je suis toujours Français de naissance, mais je suis musulman et Turc de religion.

— Tu viens ici pour voir l'imam ?

— Je viens ici pour mon commerce; si je vois l'imam, je remercierai la Providence du bonheur que je lui devrai.

— Alors, tu es marchand ? répéta-t-il.

— Oui.

— Tu viens ici pour affaire de commerce ?

— Oui,

— Que comptes-tu acheter ?

— Du café et de l'encens.

— Tu aurais trouvé ces marchandises à bien meilleur marché à Béït-el-Fakîh ou à Hodeïda; tu aurais eu là, d'ailleurs, la protection de ton ancien maître Husseïn d'Abou-Arich, où tu as été sardar et médecin. Ne viendrais-tu pas plutôt ici à la recherche de quelque plante?

— Si j'en trouvais de salutaires, je les recueillerais certes sur mon chemin. Puisque tu es si bien instruit de tout ce qui me concerne, tu ne dois pas ignorer comment et pourquoi j'ai quitté Husseïn?

— Nous savons dans les plus petits détails toute ton existence près de Husseïn, ainsi que ses projets sur le neveu de l'imam. Peut-être viens-tu ici avec mission de réconcilier l'oncle avec le neveu. Ne tente pas cette démarche, tu échouerais.

— Tu te trompes, lui dis-je, je n'ai aucun caractère officiel ni officieux; je viens pour mes propres affaires, et j'en ai assez sans m'occuper de celles des autres. D'ailleurs, j'ai appris en servant les princes orientaux qu'il y a plus de danger que de profit à leur service; et je suis bien décidé à n'avoir plus d'autre maître que moi-même. C'est dans ce but que je me fais simple marchand, ne demandant rien et n'offrant rien à personne.

— Cependant si l'imam te faisait des offres, les refuserais-tu ?

— A l'instant même, sachant bien que, quand même il daignerait me demander mon avis, il se garderait bien de le suivre.

— En quittant Sana, que comptes-tu faire ?

— Me rendre à Bagdad.

— Par quel chemin ?

— Je ne sais pas encore.

Un immense sablier qui se retourne toutes les douze heures marquait onze heures. C'était l'heure à laquelle le fakih avait l'habitude de se rendre chez l'imam. Il se leva, et en se levant il me donna la main.

— Au revoir, hadji, me dit-il. Te voilà à Sana pour quelque temps ; mes esclaves ont ordre de te conduire au logement que je te destine. A propos... une recommandation...

Puis, baissant la voix :

— Avant que tu voies l'imam, si tu es appelé à le

voir, tu feras bien de n'avoir de relations chez toi avec personne.

Sur ces mots, le fakîh sortit. Un de ses esclaves portait sa lance, les autres le suivaient à pied. A la porte de son palais, le fakîh monta à cheval après avoir reçu les salutations des passants, et se dirigea vers la citadelle, tandis que, guidé par deux beaux esclaves nègres, je m'acheminais vers une des nombreuses maisons dont le fisc dépossède les habitants au profit de leur doux maître. A Sana seule, l'imam possède peut-être deux mille maisons qui lui viennent toutes de la même source.

Mon nouveau logement se composait d'une maison tout entière, vide comme une maison arabe; bien construite, du reste, proprement dallée et blanchie à la chaux, avec une petite cour au milieu et un divan donnant sur cette cour.

L'appartement dont je fis choix était l'appartement réservé d'habitude aux femmes. Nous fîmes déloger une douzaine de rats du premier étage, et deux ou trois couleuvres du rez-de-chaussée. L'habitude est, quand on les chasse, de les mettre le plus poliment possible à la porte. Les tuer porterait malheur.

Les appartements étaient peints à une certaine hauteur ; les plafonds, très-élevés, étaient boisés et peints. Dans chaque appartement il y avait un ventilateur tournant sur des gonds. Les portes, comme d'habitude, fermaient avec des serrures en bois. Au-dessus de la terrasse s'élevait une petite maisonnette en joncs destinée à être le boudoir de la maison. Les murs, à la hauteur de quatre pieds, étaient tapissés de nattes. La natte est la tapisserie la plus fraîche pour les murailles.

Il y avait des écuries pour six chevaux, écuries à ciel découvert. Jamais le cheval arabe ne couche sous un toit. On le laisse au plus fort soleil comme à la pluie.

J'avais été conduit directement à la maison sans avoir le temps de reprendre ni Sélim ni Mohammed. Pendant que je m'installais, un des esclaves, à qui je donnai leur signalement, alla les chercher. Sélim fit quelque difficulté. Il voulait savoir si le nègre venait bien en mon nom, ce qu'il était, ce que j'étais devenu. Le nègre lui parlait très-brutalement, et Sélim lui répondait plus brutalement encore. Mais Mohammed intervint, et mes deux serviteurs se décidèrent à suivre l'esclave avec mes dromadaires, qui, éreintés de la route, se faisaient tirer l'oreille bien autrement encore que Sélim.

Ils arrivèrent avec mes bagages. On installa les dromadaires dans l'écurie, on déplia les tapis, on jeta les coussins dessus, on sortit les pipes des étuis, la vaisselle des sacoches, les vêtements des couffes, les provisions des mezzones, et nous nous trouvâmes installés. Pour avoir de l'eau fraîche, Sélim acheta aussitôt des jarres poreuses et les fit remplir. Ces jarres sont de forme antique et couvertes d'arabesques. Elles sont transparentes comme la plus fine porcelaine. On en acheta d'autres destinées à prendre des bains. J'ai déjà dit comment les bains se prenaient à Abou-Arich. Avant de mettre l'eau dans un vase neuf, on le parfume avec du benjoin ou de l'encens. Tous les vendredis, on renouvelle cette fumigation.

qui, tout en parfumant l'eau, la rend plus saine.

Cette première installation accomplie, j'envoyai Sélim et Mohammed en reconnaissance par la ville. En leur qualité de nationaux, ils étaient excellents fureteurs. Je ne venais guère qu'après eux et sur leurs indications.

Selon l'usage musulman, tous mes voisins arrivaient me souhaiter bon séjour et me serrer la main, et, malgré l'avis du vizir, je fus forcé de les recevoir et de causer avec eux beaucoup plus que je ne l'eusse voulu. Tous ces visiteurs me faisaient en venant des offres de service. C'étaient des gens riches pour la plupart, ayant jardins, maisons de campagne, magasins en ville, banque et comptoirs. Bien qu'à peine installé, je dus leur offrir la pipe et le café.

La conversation roula sur l'imam. Il va sans dire que la moitié des visiteurs eût certes voulu le voir pendu ; on ne tarissait pas en éloges. Rien n'est curieux comme l'Arabe, celui des villes surtout ; il veut tout savoir, et, pour tout savoir, fait semblant de savoir tout.

Pendant que je subissais un second interrogatoire,

arriva le vizir, toujours affectant la simplicité et la pauvreté. En entrant chez moi, il parut froissé de me voir une cour si nombreuse. Chacun se leva.

Après les compliments d'usage, il me demanda si j'étais déjà sorti. Je lui répondis que je n'avais pas mis le pied dehors, mais que j'avais été bien dédommagé de cette reclusion par l'obligeance qu'avaient mises les personnes qu'il voyait à me venir offrir leurs services. Il s'accroupit sur un tapis ; tout le monde en fit autant, à l'exception des Israélites qui se trouvaient là et qui restèrent debout, les genoux pliés, les mains presque jointes.

Nulle part, dans aucune ville d'Orient peut-être, les Israélites ne sont plus maltraités qu'à Sana. Le gouvernement les laisse s'enrichir, il les engraisse en quelque sorte, sachant que c'est de l'argent qui dort et qui, tout en dormant, porte d'énormes intérêts. Puis, un beau jour, il les met sous presse et leur fait rendre jusqu'à la dernière pièce d'or de leur coffre-fort. Ils sont solidaires les uns des autres. Lorsque l'un n'a pas les moyens de payer, tous doivent payer pour lui. Ils ne peuvent point habiter dans la ville. Leur domicile est à l'extérieur. C'est un village tout entier auquel on a donné le nom de *Ard-el-Yoûd*. — terre des juifs. Ils vivent là au nombre d'environ cinq ou six mille. Les vexations sont grandes. Ils ne peuvent avoir plus de deux synagogues, leurs maisons ne doivent pas s'élever au-dessus de sept mètres.

Cette rigueur vient de ce qu'un nommé Oraki, ayant, dans les temps passés, déplu à l'imam, fut condamné à une amende de cinquante mille talaris et à la prison. La prison, il la fit. Mais quant aux cinquante mille talaris, qui faisaient sept cent cinquante mille francs, s'étant déclaré trop pauvre pour les payer, et la compagnie, de son côté, ayant déposé son bilan, on démolit douze des quatorze temples qui existaient. Depuis ce temps, il n'a point été permis de les rebâtir.

Le vizir venait m'inviter à dîner et à aller passer la soirée chez lui, et, en prenant congé de moi, il me fit signe de le reconduire. Je compris qu'il avait quelque chose de particulier à me dire, et je le suivis jusque dans le vestibule. Là, il me dit que j'avais tort de recevoir si nombreuse compagnie ; que ceux qui la composaient étaient des curieux et pas autre chose ; qu'ils venaient pour étudier mon caractère et espionner les causes de ma venue à Sana. Il ajouta de plus que l'imam était disposé à me recevoir quand cela me ferait plaisir. Européen et chrétien, j'eusse été obligé de subir un cérémonial ; mais en ma qualité de musulman, je pouvais à toute heure du jour jouir du droit de voir sa gracieuse figure. Il me prévenait que d'habitude l'imam donnait ses audiences dans le *Postan-el-Metwok-kel*, c'est-à-dire dans le jardin du sultan (l'imam a deux résidences à Sana), celle où l'on me prévenait que je pouvais être reçu et qui était sa résidence d'été. De plus, il avait palais à la citadelle, et c'était sa résidence d'hiver et des jours de mauvaise humeur. Quand il y avait révolte à Sana, par exemple, et cela arrivait quelquefois, c'était là qu'il se retirait. Cette invitation, qu'on me transmettait de sa part, équivalait à un ordre. Cependant, comme je voulais maintenir mon indépendance, je répondis qu'aussitôt que je serais reposé, j'irais.

— Tu feras bien de ne pas trop tarder, me dit le vizir ; mais, au reste, puisque ce soir tu viens chez moi, nous reparlerons de tout cela.

Vers les quatre heures de l'après-midi, Sélim et Mohammed revinrent. Ils étaient enchantés de la ville, et surtout de l'affabilité et de la bonté des habitants. La ville était fort peuplée, ornée de beaux palais, de belles mosquées, de beaux jardins. Bref, Sélim et Mohammed, qui avaient tout vu, m'invitaient à tout voir à mon tour, surtout les bazars, qui étaient d'une merveilleuse richesse. Comme dans toutes les villes d'Orient, les rues sont bâties contre le soleil ; elles sont étroites et tortueuses mais propres. Des fontaines, alimentées par des aqueducs qui amènent l'eau des montagnes, les rafraîchissent.

Un torrent coupe la ville dans un tiers de sa largeur. Il est vrai que, vers le mois de juillet, il se dessèche, et que la vase qu'il laisse à découvert donne des fièvres paludéennes. Elle est entourée de murs bosselés, de cinquante en cinquante pas, d'une tour. Son enceinte peut avoir de six à sept kilomètres, et est percée de sept portes dont quatre principales.

On compte douze mosquées, toutes ornées de minarets. La principale, nommée *Djemma-el-Kébira*, en a deux. Elle occupe le centre de la ville.

Les anciens rois du pays étaient païens et adoraient le feu. D'après les savants du pays, de même qu'on nommait les rois d'Égypte des pharaons, on nommait ceux de l'Yémen des *thoubas*. La famille régnante à Sana, au moment de mon passage, et qui est encore la même aujourd'hui, descend de Kacem-el-Kébir, qui lui-même prenait son origine dans celle de l'iman Hadie, dont nous avons vu le tombeau à Sâad.

Le climat est infiniment plus agréable que celui du Théama. La hauteur de Sana au-dessus du niveau de la mer étant de trois ou quatre cents mètres, sa température, en juin, c'est-à-dire au moment de la grande chaleur, monte le jour, vers midi, de 39 à 40 degrés, et à trois heures, de 40 à 42. C'est le moment de la sieste ; la ville, pendant trois heures, a l'air de la capitale de la Belle au Bois dormant.

Les nuits y sont froides et humides ; la température

y descend à 10 degrés centigrades. Rarement deux jours se passent sans tonnerre. On dirait qu'il y a dans les montagnes environnantes quelques phénomènes atmosphériques qui y appellent, y concentrent et y font éclater les orages. En automne, il y grêle, chose rare dans les autres villes de l'Yémen ; j'y ai ramassé des grêlons gros comme des noisettes.

Sana est distante de soixante-deux lieues de Moka, à vol d'oiseau, bien entendu.

Au milieu de sa population se trouvent à peu près deux cents familles de Banians. Ils ont leur quartier à eux, mais peuvent rester dans la ville. Ils s'occupent de commerce et d'industrie. Ce sont d'excellents orfèvres, bijoutiers, serruriers, tisserands et tailleurs. Ils payent comme droit de séjour une petite redevance qui varie de deux à trois cents talaris par an. Quand un des membres de la famille meurt, l'imam perçoit un droit de succession de quarante à cinquante talaris. Si le mort ne laisse pas d'héritiers, l'imam s'empare de tout, même quand la succession échéerait dans l'Inde. Comme dans l'Yémen les Banians ne peuvent brûler leurs morts, ils s'arrangent à n'y être que de passage. Ils viennent, y font fortune et s'en vont. Peu de femmes les suivent. Dans le pays de Mascate, au contraire, ils vivent en famille nombreuse. Là, ils peuvent suivre clandestinement les rites de leur religion. Le gouvernement ferme les yeux, et, si la redevance est bonne, il ne les rouvre pas, même pour voir la flamme des bûchers.

XI

Outre que Sana est la capitale de l'Yémen, elle est encore celle des seïdiyé. Cette secte, dont l'imam de Sana est le patriarche, a pour fondateur Séïd-Ibn-Ali-Ibn-Hosseïh-Ibn-Ali, c'est-à-dire Séïd, fils d'Ali, petit-fils d'Hosseïh, arrière petit-fils d'Ali. Les seïdiyé, comme toutes les autres sectes, prétendent enseigner seuls la vraie religion Ils se considèrent comme les musulmans les plus purs et les plus sincères, et comme les sunnites, qui se composent des quatre sectes orthodoxes, se sont partagé le temple de la Mecque, sans permettre à aucun autre rite d'y construire une chaire, les seïdiyé s'en font une imaginaire, qu'ils placent dans l'éther et qui flotte au-dessus de la Kâaba. De leur côté, les sunnites, ne pouvant empêcher cette chaire aérienne, ont mis un impôt sur chaque pèlerin qui vient prier dans la Kâaba au-dessous de sa chaire. Cet impôt est arbitraire, et proportionné à la fortune du pèlerin.

Les seïdiyé reconnaissent, avec les sunnites et les schîtes, la suprématie de Mahomet sur tous les autres prophètes. Mais ils déclarent que ce n'était point Abou-Bekr qui devait lui succéder : c'était Ali. Les seïdiyé ne croient pas non plus à la succession des douze imams, quoiqu'ils aient conservé une vénération assez grande pour les quatre premiers. Comme on me l'avait déjà assuré dans le Thama, ils ne professent pas une grande vénération pour ces petites coupoles qu marquent la demeure et la tombe des santons et des marabouts. Aussi ne rencontre-t-on à Sana et dans tout le pays occupé par les seïdiyé aucun derviche, santon ou marabout.

Il ne se passa rien de remarquable au dîner du vizir. Je me trouvai avec les principaux officiers de la cour de Sana. Mais les premiers entre ces officiers étaient, au bout du compte, des laquais et des mendiants, et aucun d'eux ne vaut la peine d'une mention particulière.

Je trouvai l'occasion de dire au vizir que, le lendemain, après la prière, je me présenterais chez l'imam. Le vizir me fit observer que le lendemain était un vendredi, c'est-à-dire le dimanche des musulmans. Il me donna le conseil de me trouver sur le passage de Son Altesse à son retour de la mosquée.

Le vendredi, l'imam, qui est en même temps un patriarche, et qui prend même le titre de *kalife*, et, sur ses monnaies, celui d'*émir el moumenin*, c'est-à-dire commandeur des croyants, le vendredi l'imam officie. Dès qu'il est entré dans la mosquée, les portes de la ville, les cafés et les caravansérails se ferment.

C'est vers onze heures et demie qu'il se rend à la mosquée, toujours entouré d'une grande pompe. Il a son porte-parasol ; le parasol est le signe du commandement. Plus de mille personnes de sa famille et les notables le suivent, les uns à cheval, les autres à pied. L'imam est toujours monté sur un cheval magnifique. A la porte de la mosquée, les domestiques se précipitent et prennent les chevaux. Des drapeaux marchent devant lui, surmontés de cassolettes d'argent, renfermant, au lieu de parfums, des amulettes ayant pour but de rendre le prince invulnérable.

A la porte de la mosquée s'agglomèrent les dromadaires portant dans des litières les femmes du harem. Dromadaires et femmes restent à la porte. Ces litières sont entourées de soldats qui maintiennent le peuple à une distance respectueuse.

Je fus prévenu de la sortie de l'imam par une décharge de coups de fusil ; et, comme il sort par une des portes de la ville pour rentrer par l'autre, j'eus le temps d'aller me joindre à la foule qui se trouvait sur la place de la grande mosquée.

L'imam, en passant devant moi, parut me reconnaître. Cela tenait-il à mon costume égyptien, qui faisait de moi un étranger? On se pressait pour lui baiser les pieds, les mains, ce qui paraissait l'amuser modérément. Il me fit un salut des plus gracieux, puis s'entretint avec le vizir, qui marchait près de lui.

De l'un des minarets (la mosquée en a deux), on avait annoncé sa sortie du palais : de l'autre, on annonça son arrivée à la mosquée. Il entra d'un pas hardi, et marcha vers un cabinet qui est aux mosquées ce que la sacristie est aux églises chrétiennes. Là, il se couvrit des vêtements sacerdotaux, prit à la main une grande canne, et rentra à la mosquée précédé de deux bannières. Une espèce de suisse le précédait; deux aides le suivaient. Il alla prendre place dans une sorte de niche pratiquée dans le mur, et désignée sous le nom de *mischrab*. Là, il s'assit sur un fauteuil de bois, tandis qu'une façon de diacre montait en chaire pour faire lecture d'un chapitre du Coran. Ce chapitre terminé, on chante en arabe le *Salvum fac imperatorem* au profit de l'imam.

Dans les autres États musulmans, cette invocation, nous l'avons dit, se fait en partie pour Abdul-Medjid, en partie pour l'empereur du Maroc. Puis vient la prière. L'imam la récite en se prosternant. Tous les assistants se prosternent en même temps que lui. La prière terminée, on récite quelques litanies pour le repos des morts; après quoi, l'imam sort de la mosquée, remonte sur son cheval, et rentre au palais dans le même ordre et en suivant la même route qu'il a prise pour venir à la mosquée.

A la porte, un des officiers vint à moi et m'offrit son cheval. Je suivis donc le cortége. Des hérauts criaient dans les rues les titres et les mérites de l'imam. La foule applaudissait. Arrivé au château, tout le monde mit pied à terre.

Les principaux suivirent l'imam, et j'entrai avec eux, tandis que les cavaliers faisaient l'exercice du *djerid* dans la cour, en manière de fantasia. Les jeunes gens de la famille de l'imam s'adjoignaient à cette course et disputaient d'adresse avec les autres cavaliers.

Le palais se compose d'un principal corps de bâtiment flanqué de chaque côté d'un harem : harem pour les femmes légitimes, harem pour les concubines. Nous fûmes introduits dans le bâtiment principal. Le vestibule était plein de soldats, de kobaïls et de nègres. On monte au premier étage par un large escalier. Trois ou quatre personnes peuvent y monter de front. Ces maisons sont très-fraîches le jour; la chaleur n'y entre que par d'étroites ouvertures, et les dalles en sont arrosées deux ou trois fois par jour. La salle était encombrée des principaux officiers de l'imam, qui, lorsque celui-ci entra, se levèrent avec des acclamations.

L'imam les salua de la tête, et, entouré de ses frères et de ses fils, s'assit sur une estrade fermée comme une balustrade dans le chœur d'une église. Sa famille, rangée à sa gauche, était sur des estrades moins élevées de deux pieds que la sienne. Les ministres étaient debout derrière la famille. Au milieu de l'appartement se trouvaient trois bassins d'où s'élançaient des jets d'eau qui atteignaient à une hauteur d'une quinzaine de pieds. Tout cela fonctionnait à l'aide de machines hydrauliques mues par des chameaux, des bœufs ou des esclaves.

Le parquet se composait de dalles en marbre formant damier. Les côtés tout à l'entour étaient couverts de nattes; sur ces nattes on avait étendu des tapis de Perse doux et moelleux, de véritables matelas d'un pouce d'épaisseur. La couleur et les dessins en étaient magnifiques. Les coussins sur lesquels l'imam, ses frères et ses enfants étaient assis étaient en cachemire et en soie. Le cafetan dont le premier était revêtu était vert clair, avec de larges manches, et des broderies d'or couvraient la poitrine. Il portait sur la tête un large turban de mousseline blanche.

On défila devant lui pour lui baiser les deux côtés de la main, le dos et la paume. A chaque courtisan accomplissant cette cérémonie, il adressait en passant un mot gracieux. Il va sans dire que tout le monde avait laissé sa chaussure à la porte. Les uns étaient nu-pieds, les autres avaient des chaussettes. C'étaient les riches qui se passaient ce luxe. J'avais, moi, de petites babouches de maroquin jaune, qui gantent le pied et que l'on met dans des babouches plus grandes. Les petites s'appellent *mackla*, les grandes, *markoub*.

Je me rapprochai de lui à mon tour, me contentant de m'incliner, les deux mains sur la poitrine, et lui demandant des nouvelles de sa santé.

— Sois le bienvenu, me dit-il; je suis heureux, hadji, de te voir dans mes États, où je mets tout à ta disposition. Demande, et mon vizir, qui est là, a ordre de te satisfaire en toutes choses.

Je le remerciai.

— Au reste, continua-t-il, nous aurons à causer ensemble. J'ai à t'entretenir d'une multitude de choses; tu as tant voyagé et tant vu, que je ne pourrai que m'instruire en parlant avec toi, mais dans l'intimité. Je me félicite que la Providence t'ait amené à ma cour.

Je m'inclinai de nouveau, passai devant lui, saluai sa famille et sortis. A la porte, on voulut me donner un cheval, mais je remerciai en disant que j'aimais mieux aller à pied, afin de mieux voir la ville. Cela parut fort extraordinaire à ceux à qui s'adressait cette réponse. Ils ne comprenaient pas qu'à une heure de l'après-midi on pût faire autre chose que dormir. J'essayai souvent de faire la sieste comme les autres, je ne pus jamais. C'était l'heure où je faisais mes observations météorologiques et prenais mes notes.

— Mais tu ne verras rien que le soleil et les murs, m'objectèrent les officiers. C'est le soir, à quatre heures, à cinq heures, que la ville est belle, et c'est la nuit qu'elle est gaie et vivante.

Je ne voulus pas avoir le démenti de mon projet. Je parcourus la ville, où en effet je ne rencontrai personne. Les boutiques étaient toutes ouvertes, fermées d'un simple filet à grosses mailles.

Les cafés étaient encombrés de gens dormant sur des sirirs. Les bains étaient vides. Ce qu'il y a de curieux, c'est que, dans toutes ces boutiques, où l'on n'a qu'à prendre, personne ne prend. Il n'y avait en effet dehors que moi et les mouches. Celles-ci étaient, par cette effroyable chaleur, atteintes d'une surexcitation qui les rendait insupportables.

De temps en temps l'odorat était désagréablement affecté. Presque immédiatement l'œil apercevait le cadavre d'un chameau, d'un chien ou d'un chat. Ce qui rend odieux le séjour des villes musulmanes, c'est la présence des corps d'animaux en putréfaction. Nulle part on n'enlève les cadavres. Là où l'animal meurt, ou est jeté mort, il pourrit, infectant l'air.

Je rentrai chez moi, accablé de cette chaleur. Je me couchai à mon tour sur un tapis, attendant que la première brise du soir me rendît la vie comme au reste de cette nature calcinée par le soleil.

Vers quatre heures, je reçus la visite du vizir. Il était accompagné de deux officiers de l'imam. Les officiers m'apportaient des cadeaux. Ces cadeaux consistaient en dix ou douze moutons vivants, en deux couffes de bonbons, et en vingt petites bourses renfermant de l'argent. Chaque bourse contenait à peu près vingt-cinq à trente francs. Avec une bourse comme celle-là, un bourgeois de Sana peut vivre deux mois. La monnaie qu'elle renferme se compose de petites pièces grosses comme nos pièces de dix sous. On les appelle des *kbirs*. Un thalari, la plus grosse monnaie d'argent ayant cours dans l'Yémen, vaut trente-deux *kbirs* soixante-quatre *kamaris*, soixante *pali*, cent soixante *harffs* et six cents *neijés*. Par conséquent, le neijé est un peu moins qu'un de nos centimes.

La plus forte monnaie d'or est le sequin de Venise. Les Arabes le nomment *mergas*. Le talari vaut cinq francs cinq sous; le sequin vaut onze francs.

Les imams battent monnaie dans la citadelle et convertissent les sequins de Venise en monnaie d'or, valant sept francs dix sous. La monnaie porte un chiffre, le nom du prince régnant, la date de l'époque où elle a été frappée, mais jamais de figure. La plus grande monnaie frappée par l'imam vaut deux francs cinquante centimes. Je n'ai jamais rencontré qu'une seule pièce de cinq francs : c'était à la Mecque ; elle portait l'effigie de Bonaparte, premier consul. On la gar dait comme curiosité. Je voulus l'avoir, on ne voulut pas me la donner à moins d'une guinée.

Les vingt bourses que m'avait envoyées l'imam valaient donc à peu près deux cent cinquante francs. Il y avait aussi des fruits du pays. Je donnai quarante francs à ceux qui m'avaient apporté ces cadeaux.

Le vizir s'empressa de me dire que ce que m'envoyait l'imam, c'était pour mon charbon et mon café, mais que chaque jour il comptait se charger de mon entretien. Je le remerciai en disant que je n'avais besoin de rien. Mais le vizir insista, disant que j'étais l'hôte de l'imam, et que, tant que je resterais dans la capitale, c'était à lui de pourvoir à mes besoins.

En effet, tous les matins, à neuf heures et à six heures du soir, je voyais arriver deux plateaux, l'un chargé de viandes, l'autre de fruits et de sucreries. Les viandes étaient toutes coupées en petits morceaux, afin que l'on pût les prendre avec les doigts. Le pilau forme toujours la base d'un repas en Arabie. Ces vivres m'étaient apportés par des nègres magnifiques, à la peau luisante comme si elle eût été vernie.

La première fois qu'ils m'apportèrent mon repas, ils me présentèrent en même temps un sac de tabac en feuilles préparé en partie pour la chibouque, en partie pour le narghillé. Ils s'informèrent en même temps près de moi pour savoir si je ne fumais pas le yucca. Sélim, qui aimait beaucoup le yucca, se hâta de répondre que oui.

A dater de ce moment, le vizir me fit deux visites par jour.

Toutes ces politesses semblaient indiquer de la part de l'imam le désir de me garder indéfiniment à Sana. Ce n'était point une manifestation qui me fût le moins du monde agréable. Je voulais, au contraire, partir le plus vite possible pour le Mareb; mais je ne le pouvais pas sans la protection de l'imam. Or, pour obtenir cette protection, il me fallait lutter de courtoisie avec lui. Bien que le Mareb soit un État indépendant, l'imam n'y exerce pas moins une certaine influence morale. Je ne pouvais, dès les premiers jours de mon arrivée, lui parler de mon projet; je devais en laisser naître l'occasion et attendre le jour de sa naissance avec une patience toute musulmane.

En attendant, je passais mes heures perdues avec plusieurs notables de la ville, qui me faisaient leur cour croyant la faire à l'imam, et qui m'emmenaient, soit dans leurs jardins de la ville, soit dans leurs maisons de campagne. Les jardins étaient magnifiques, rafraîchis par des jets d'eau, et riches des plus beaux arbres fruitiers. Il y avait aussi des champs de roses et des charmilles de jasmins. Ces jardins attenaient en général à des maisons où les riches logeaient leurs maîtresses. C'étaient ce qu'au XVIIIe siècle nous appelions des *petites maisons*. Dans ces petites maisons, les Arabes oublient en général qu'ils sont musulmans, et ils boivent du vin et des liqueurs que leur fournissent les juifs.

Les femmes de Sana sont certainement les plus belles de tout l'Yémen.

Les juives sont généralement grandes, ont de beaux cheveux, et sont d'un blanc mat qui les fait ressembler à de belles poupées de cire. Les femmes arabes ont le teint plus foncé, et plus de dispositions à devenir obèses.

La secte des seïdiyé étant beaucoup plus tolérante que les autres sectes, il en résulte une infinité d'intrigues amoureuses, où, de part et d'autre, l'intelligence la plus raffinée est mise en œuvre. Comme Sana est une ville extrêmement fréquentée par les étrangers, c'est surtout aux étrangers que s'adressent les agaceries féminines.

Voici en général comment une intrigue se noue. Une femme, cachée derrière sa jalousie, qu'elle fait crier pour que celui dont elle veut attirer l'attention lève la tête, et il doit la lever prudemment, une femme laisse tomber une fleur, son mouchoir, un billet. Ce billet, ce mouchoir, cette fleur, ne sont point encore un rendez-vous; mais c'est une invitation à revenir vers le même lieu. Presque toujours, au moment où vous vous éloignez, la porte s'ouvre, et une femme parfaitement voilée vous suit. C'est ordinairement une juive ou une négresse. Vous la voyez ou vous ne la voyez pas. Cette femme est chargée de savoir où vous restez, de s'informer de votre nom, de votre condition, de votre fortune. La femme ne vous parle pas, et se dérobe plutôt qu'elle ne vous cherche.

Le lendemain, ou même le soir, vous repassez sous la même fenêtre. Une nouvelle amorce vous est jetée. Vous savez dès lors à quoi vous en tenir. La femme a fait son rapport et le rapport vous a été favorable. Cette fois, en rentrant chez vous, vous avez la visite de la messagère.

Alors commence l'éloge de la femme qui vous aime. Elle est princesse, elle est tout ce qui peut tenter votre imagination. Malgré ce séduisant tableau, vous hésitez. Toute intrigue est grave avec une femme musulmane. C'est le seul cas où votre consul n'ait pas le droit de vous réclamer. Je me trompe, il y en a deux. Le second cas, c'est la fabrication clandestine de la poudre.

Cependant, vous consentez à une entrevue. Il faut au moins se connaître avant de s'aimer. La meilleure occasion est celle des bains ou de la mosquée. Dans une bousculade, et une bousculade est facile à provoquer, la femme écartera son voile ; on verra son visage ; ou plutôt c'est la confidente qui écartera le voile de sa protégée. Celle-ci, au contraire, se plaindra, criera, pleurera, afin que les voisines, l'eunuque ou l'esclave nègre n'aient rien à dire. Voilà pour la mosquée. Au bain, c'est plus facile. La patronne des bains est presque toujours dans l'intrigue. Il y a deux batchis à gagner pour elle : un de la part de la femme, un de la part de l'amant. Les eunuques ou les esclaves restent à la porte de l'établissement. Les bains ont une coupole percée de petits jours, fermés par des vitraux. Le curieux, conduit par la patronne, monte sur la terrasse de la maison.

Maintenant il a vu la femme qui l'aime, c'est à lui de juger si elle vaut la peine que l'on risque un coup de couteau pour elle.

La femme noble n'a pas besoin d'aller au bain, ayant son bain chez elle. Celle-là, l'homme la voit quand elle va à son jardin. Seulement, il doit risquer les coups de courbach de l'eunuque. Celle-là, il devra l'aller trouver chez elle. Là, le péril est double. Il faut entrer déguisé en femme, déguisement qui rend la défense difficile et la mort ridicule. Parfois, la femme exige que l'on se noircisse le visage et les mains. Celui qui se prête à cette fantaisie court deux dangers : le premier, d'être tué par le mari ; le second, de trop bien plaire à la femme et d'être gardé par elle. Que faire si la femme vous déclare que vous êtes son prisonnier ?

Crier ?

Si vous criez, vous êtes découvert ; découvert, vous êtes mort. Il faut se cacher. La femme vous cache dans un de ces grands coffres dont il est tant question dans *les Mille et une Nuits*; dans quelque cabinet de débarras où personne ne va jamais, ou bien dans quelque trappe qu'elle a fait construire. Mais l'ouvrier qui a construit la trappe ne peut-il pas la dénoncer ? Bon ! au dernier coup de rabot, l'ouvrier est mort. Le cas était prévu.

Dans les villes comme Alexandrie, où l'on a la mer sous la main; comme Constantinople, où l'on a le Bosphore au pied de sa maison ; comme le Caire, où passe le Nil, quand on est lasse de l'amant, on le coud dans un sac et on le jette à l'eau. Il est vrai qu'à la femme surprise il en arrive autant. Seulement, on lui fait une société : on met avec elle dans le même sac un coq, un chat et une vipère. Mais à Sana, où il ne passe qu'un torrent, à sec pendant six mois de l'année, il n'est point facile de noyer l'homme qui gêne ; on retrouve donc le cadavre en tout ou en partie, et cela fait causer. C'est la matrone qui a introduit le vivant qui est chargée de faire disparaître le mort.

Au reste, si le meurtre est découvert, la loi est inflexible, fût-ce la fille de l'imam. Si le prix du sang est refusé, la mort payera la mort. La mort de la femme est l'étranglement par le lacet. Si c'est un musulman qui est surpris chez la femme, celui qui le surprend a le droit de le tuer ; seulement, cette catastrophe devient la honte de toute la famille. Il en résulte que parfois un musulman se tait comme ferait un Européen.

Ces transactions n'ont pas lieu lorsque c'est le père ou le frère qui surprend, au lieu du mari.

Si c'est un juif qui est surpris avec une femme musulmane, il est d'abord promené à l'envers sur un âne dans toute la ville. On lui met la queue entre les mains au lieu de bride; puis, descendu de son âne, on le mutile et on le pend.

Quant aux Banians, de pareilles aventures ne leur arrivent presque jamais, les Banians étant trop prudents pour se laisser prendre à de pareilles amorces. Ce n'est point que les tentations leur manquent. Les Banians riches, beaux de visage, font de nombreuses passions. Mais ils ne viennent dans l'Yémen que pour faire fortune. Au surplus, les Banians sont presque de la famille. Chaque maison a son Banian qui fait les affaires du père, du mari ou des frères. Il n'y aurait rien d'étonnant qu'il fît les siennes en même temps.

Nous ne parlons pas des Sabéens. Les Sabéens appartiennent à une race trop méprisée des musulmans pour qu'il y ait jamais intrigue entre un Sabéen et une femme musulmane. Si un Sabéen demande à boire à un musulman, le musulman lui donne un vase plein d'eau, mais, quand le Sabéen a bu, le musulman brise le vase.

L'imam m'avait dit qu'il me parlerait en particulier.

C'était une obligation pour moi d'aller au devant de cette conversation. J'y allais d'autant plus volontiers que je m'apercevais que l'imam était au fond un excellent homme, et que, chaque fois qu'il faisait une sottise, il y était poussé par son entourage. Je profitai d'un moment où il était à sa citadelle pour l'y aller trouver.

Nous avons dit que la citadelle est située du côté opposé au postan. Elle est bâtie sur la colline de Chomdan. La colline de Chomdan est dominée elle-même par la montagne de Nikkom, où sont les ruines d'un vieux fort qui, s'il faut en croire les archéologues arabes, fut bâti par Sem, fils de Noé. Le lecteur comprend que je ne le force aucunement à croire à cette origine. La citadelle est séparée de la ville par une muraille.

L'imam était fort aimé des habitants de sa capitale, et la cause de cet amour tenait à son accessibilité. Un homme, musulman, chrétien ou juif, pourvu qu'il fût du pays, pouvait à toute heure du jour, et presque sans retard, arriver jusqu'à lui et lui exposer sa plainte, à laquelle il faisait droit à l'instant même, par un arrêt presque toujours plein de bon sens et d'équité.

J'avais, avant moi, envoyé Sélim pour lui demander à quelle heure je le dérangerais le moins. Sélim l'avait abordé comme s'il eût été un grand ; l'imam lui avait répondu :

— A l'heure où ton maître voudra, je serai à sa disposition, et, si je suis occupé, je lui ferai dire de m'attendre un instant. Au reste, l'heure la plus commode pour un entretien comme celui que je désire avoir me semble être le soir, après la prière. Je l'attendrai donc ce soir.

En vertu de cette invitation, je me rendis à la citadelle. L'imam était dans son divan. J'avais traversé, pour arriver jusqu'à lui, un immense vestibule dans lequel était toute une garnison. Son divan était situé au premier étage.

L'imam, lorsque j'arrivai, était en conférence privée avec deux de ses frères, et, ce qu'il n'avait pas fait lors de ma première visite, il se leva pour me recevoir. C'était la plus grande marque de considération qu'il pût me donner.

XII

— Je te remercie de ta visite, me dit l'imam ; j'aurais désiré que tu vinsses plus tôt, car j'ai à te parler de bien des choses qui ne peuvent se dire qu'en tête-à-tête.

Les frères, en entendant ce que me disait l'imam, se retirèrent à l'instant même. Nous restâmes seuls. Il fit apporter du café et une pipe. Lui ne fumait pas ; les Arabes de distinction fument rarement ; par courtoisie, je refusai la pipe.

— Eh bien ! me dit-il, entamant la conversation comme eût fait un Européen, tu viens donc d'Abou-Arich ?

— Oui, sidi.

— Tu y as éprouvé bien des ennuis?

— Quelques-uns, en effet.

— Hussein voudrait donc faire la conquête, non-seulement de tout le pays, mais encore de tous les hommes qui ont une valeur? Tu lui as prouvé qu'un homme était plus difficile à prendre qu'un royaume. Mais je lui pardonne tout, parce qu'il est intelligent et brave.

— Et ajoute généreux.

— Oui, oui, très-généreux; mais il sait choisir son temps et son monde pour être généreux.

— C'est un mérite de plus.

— Allons, je vois que tu ne veux pas dire de mal de l'homme que tu as servi, et je t'en sais gré. Cependant, tu n'as pas voulu faire partie de sa famille?

— Ce n'était point que je ne trouvasse l'honneur grand; je le trouvais trop grand même; mais je suis voyageur avant tout. Je ne m'étais arrêté à Abou-Arich qu'accidentellement; je m'y étais arrêté surtout parce que je crois l'influence de l'Angleterre dangereuse à l'islamisme, et que je voyais dans Hussein un ennemi de l'Angleterre. Mon père est mort en combattant contre les Anglais.

— Qu'était ton père?

— Mon père était un pacha au service de Bonaparte, et il a combattu avec lui en Égypte.

— Où est-il mort?

— En Espagne, pendant la retraite de Vittoria.

— Hussein, reprit l'imam, est non-seulement l'ennemi des Anglais, mais dans son ambition il avait aussi des projets contre moi. Je ne cherche cependant à lui faire aucun mal! Au lieu de nous faire la guerre, guerre qui ne peut être profitable qu'aux Anglais, nous ferions bien mieux de nous donner la main. Ah! si les Arabes ne se fussent pas divisés, que ne seraient-ils pas comme puissance, et quelles forces ne trouveraient-ils pas dans leur unité!

— C'est là mon avis aussi. Quant à Hussein, en effet, il a eu l'idée de te faire la guerre, mais cette idée lui a été suscitée par l'arrivée de ton neveu.

— Oui, je sais que mon neveu s'est réfugié à Abou

Arich, et c'est bien à Husseïn d'avoir donné à un prince une hospitalité princière. J'aime mieux qu'il soit là que de m'avoir forcé à le faire décapiter. Mais ce qui m'étonne, c'est qu'il s'attache à la fortune d'un enfant qui n'a aucune chance de succès et qui, en supposant même qu'il réussît, serait un ingrat.

C'était prédire à Husseïn ce qui lui arriva quelque temps après. Je n'avais rien à répondre et ne répondis rien. L'imam continua :

— N'importe, tu lui as bien organisé ses troupes ; tu lui as montré à fondre des boulets, tu lui as fait des moules à canon. Et qu'as-tu gagné à tout cela ?

— Le bonheur d'être agréable à un homme brave, intelligent et généreux, comme tu disais tout à l'heure. A ma place, et en se donnant la peine de chercher, il eût trouvé un homme bien autrement capable, et qui lui eût rendu bien d'autres services.

— Il faut que Husseïn ait été bien fou ou bien mal conseillé lorsqu'il eut un instant l'idée de fermer le détroit de Bab-el-Mandeb. C'était tout simplement la ruine de l'Arabie.

— Et de l'islam, ajoutai-je ; je le lui ai dit.

— Il pensait par ce moyen écarter de nous les Anglais ; ils l'eussent bloqué chez lui, et rien ne venait plus dans la mer Rouge, rien n'en sortait plus. Il n'y eût pas eu, en ce cas, une ville de l'Yemen qui ne l'eût maudit. Husseïn ferait bien mieux, puisqu'il possède à peu près tous les ports de l'Yémen, et qu'à ce point de vue il peut nous dicter des lois, Husseïn ferait bien mieux de mettre de côté son fanatisme et de favoriser, au contraire, non pas seulement le commerce de l'Angleterre, mais encore celui de l'Europe, en forçant ses frères à être plus équitables, à l'égard des indigènes, aussi bien qu'à l'égard des étrangers. Il ferait bien mieux encore, au lieu de bâtonner les gens qui négligent d'aller à la mosquée, de les encourager au travail. Le fanatisme, vois-tu, c'est la pauvreté, tandis que la tolérance, c'est la richesse.

L'observation me parut curieuse de la part d'un prince spirituel en même temps que temporel. Il est vrai que, ce qu'il disait à moi, il ne l'eût pas dit à un de ses sujets, et probablement pas même à un des membres de sa famille. Passant alors à un autre ordre d'idées :

— Mais, me dit-il, tu as mis bien du temps, ce me semble, pour venir d'Abou-Arich à Sana ?

— C'est que j'ai été forcé de prendre le plus long et de passer par Moka ?

— Qui te forçait de passer par Moka ?

— Hussein, qui m'avait donné son fils et son neveu pour escorte, et qui m'avait adressé à son frère, le chérif Heïder.

— Et de Moka ici, tu as suivi la route ordinaire ?

— Sans m'en écarter d'une ligne.

— Mais comment as-tu fait pour passer sur le territoire des révoltés ?

— Comme je fais toujours ; j'ai marché droit à l'obstacle.

— Et que t'a dit le faux prophète ?

— Il m'a laissé passer, comme tu vois.

— Lui as-tu parlé ?

— Oui, après un séjour forcé d'une semaine à Djobla.

— Tu étais donc son prisonnier?

— A peu près, puisqu'il m'était défendu de continuer mon chemin.

— Et qui t'a rouvert la route?

— Haçan lui-même.

— Où t'a-t-il reçu?

— Dans les grottes de Mharras.

— Et crois-tu à sa mission?

— Je crois à son audace.

L'imam réfléchit un instant.

— Nous mettrons fin à tout cela. Comprends-tu qu'il y a quelques jours il a eu l'audace, comme tu dis, de s'avancer jusqu'à trois ou quatre lieues de Sana !

— Je l'ai su; il a même fait, je crois, beaucoup de ravages.

— Oui, depuis un an il dévaste tout; mais, je le répète, je prends mes mesures pour mettre fin à ce brigandage. On le dit sorcier.

— Je crois peu aux sorciers, lui dis-je, mais je crois aux savants.

— Tu le crois savant, alors?

— Oh! quant à cela, j'en suis sûr, et, au milieu de tes populations ignorantes, un savant peut passer pour sorcier.

— Oui, je sais qu'il a été en contact avec des Parisiens.

Paris pour les Arabes est la Sodome moderne.

— Ce qu'il y a cependant de remarquable dans ce coquin-là, s'il n'est pas sorcier, c'est que, il y a sept ou huit mois, je l'ai pris, l'ai enfermé dans un cachot parfaitement solide, et que de ce cachot il s'est échappé sans que j'aie jamais su par où, la veille du jour où il devait être exécuté.

— Cela ne prouve pas précisément qu'il soit sorcier; il avait parmi ses gardes quelque affidé qui lui aura ouvert la porte.

— C'est ton opinion?

— Oui.

— Tu crois qu'ici, dans ma ville, il aura pu avoir des alliés?

— Comment expliquerais-tu autrement sa fuite?

Qui sait si dans ta famille même il n'a pas quelque ami ?

— Le crois-tu?

— Je n'en sais rien; mais enfin sa fuite ne pourrait-elle pas coïncider avec celle d'Ahmed, ton neveu?

A ces mots, une idée lumineuse sembla traverser son esprit.

— Mais, en effet, dit-il, cela se rapporte si bien à la révolte de mon neveu, que les deux fuites furent presque simultanées.

Puis, ayant réfléchi un instant :

— Mais si cela était ainsi, dit-il, comment mon neveu ne serait-il pas allé rejoindre le mahadi?

— Et si aucun des deux ne veut consentir à être le lieutenant de l'autre?

— C'est possible.

— Puis, séparés, et en supposant une alliance, un des deux pris, et même exécuté, laisse debout tous les projets de l'autre.

— Tu dois avoir raison; au reste, tu sais que ce

nom de Haçan-el-Kébir n'est pas le nom du mahadi, et qu'il ne l'a pris que par circonstance.

— Sais-tu son vrai nom?

— Je ne le sais pas ; mais ce que je sais, c'est qu'il est d'une branche éloignée de notre famille, branche qui a régné autrefois et depuis a été dépossédée.

Je m'inclinai.

— Au reste, continua-t-il, je te remercie, non pas des renseignements que tu me donnes, mais de l'idée que tu as émise; je ferai mon profit de tout cela. Ce dont je puis te répondre, c'est que, sorcier ou non, avant qu'il soit trois mois, j'en aurai fini avec le mahadi. Maintenant tu as vu une portion de mon territoire, une partie de mes soldats, crois-tu que je puisse résister à Husseïn?

— Oui, si tu n'es pas victime de quelque trahison intérieure.

— Viens avec moi, me dit-il.

Il s'appuya sur mon bras et nous sortîmes.

Les esclaves nous suivirent, mais à une distance assez grande pour ne pas entendre notre conversation.

Il me mena voir alors les ouvrages de défense de sa citadelle, son arsenal et ses palais, dont chacun était une forteresse. Tout cela fût tombé presque sans résistance devant la stratégie européenne, mais pouvait résister à un siége conduit par une armée arabe.

Dans ce parcours, je passai près d'une centaine de pièces de canon en fonte et en bronze, rangées, sans affût ou avec affût, dans une des cours de la citadelle. Ces pièces de canon étaient de fabrique anglaise; elles venaient ou des Turcs ou des Égyptiens, qui les avaient abandonnées en quittant le pays; ou peut-être avaient-elles été données par les Anglais eux-mêmes.

De là, nous passâmes au trésor. Le souterrain dans lequel il était enfermé était clos par trois portes de fer, et la clef de fer qui ouvrait ces portes pouvait bien peser cinquante livres. Il fallut deux esclaves pour la fourrer et la faire manœuvrer dans la serrure. Un des esclaves éclairait avec une lampe.

La chambre qui le renfermait, et à la voûte de laquelle nous touchions presque avec nos turbans, était divisée en trois compartiments. Dans l'un de ces compartiments était un tas d'or, dans l'autre un tas d'argent, dans le troisième un tas de cuivre. A première vue et dans l'obscurité, il me sembla que je pouvais bien avoir dix ou douze millions devant les yeux.

L'imam est immensément riche, et de sa fortune personnelle il peut avoir dix ou douze millions de rente à lui. Son revenu comme prince est au moins du double. A son avénement, il a tout trouvé en bon état, de sorte qu'il règne sans dépenser. Ce qu'il me faisait voir était, non pas son trésor particulier, mais le trésor de l'État. Dans la même forteresse se trouvait la fabrique de monnaie. Il me montra des masses d'or et d'argent.

— Là-dessous, me dit-il, sont d'immenses caveaux qui contiennent plus du triple de ce que tu vois.

Nous quittâmes ce bâtiment pour entrer dans un autre nommé *Dâr-Amr*. C'est dans ce dernier qu'il fait sa résidence. Il voulait me montrer ses appartements, sculptés comme l'Alhambra et l'Alcazar de

Grenade. En face de ce palais était son harem. On y parvenait en traversant un charmant jardin.

Ce harem contient au rez-de-chaussée les eunuques et les gardes. Au premier, les femmes légitimes et les favorites; au second, les esclaves blanches et de couleur. La terrasse ne sert qu'à l'imam. Chaque appartement et chaque étage ont leur escalier séparé conduisant à cette terrasse, ombragée par un tonnelle de vigne. Du milieu de la terrasse s'élance un jet d'eau. C'est l'eau de ce jet d'eau qui fait marcher ceux de tous les appartements du dessous.

Le jardin qui se trouve entre les deux palais est garni de kiosques et de volières. Ce jardin n'est fréquenté que par l'imam et la femme à qui il accorde ce privilége ce jour-là. Il y a dans ce jardin un grand bassin recouvert qui sert de salle de bains.

De leurs chambres, les femmes n'ont pas vue sur le jardin principal; mais, du côté opposé, elles ont vue sur un autre jardin qu'elles se partagent et qui est divisé en trois compartiments : un pour les femmes légitimes, un pour les favorites, un troisième pour les esclaves.

Tous ces détails me furent donnés par ma négresse, qui avait trouvé le moyen de pénétrer dans le harem. Selon son appréciation, l'imam devait avoir une centaine de femmes. Il n'a plus que deux femmes légitimes vivantes, une quinzaine de favorites et quatre-vingts esclaves à peu près, parmi lesquelles se trouve une favorite géorgienne qui exerce sur lui une très-grande influence.

Vers neuf heures, je quittai l'imam. Ma présence lui avait fait oublier la dernière prière. En rentrant chez moi, je trouvai toute une société qui m'attendait. C'était ma visite à l'imam qui me valait cette petite cour. Je traitai mes visiteurs en courtisans, et leur fis comprendre que je désirais être seul.

Le lendemain, la matinée fut signalée par un de ces orages effroyables dont j'ai déjà parlé ; mais celui-ci présenta une circonstance particulière : il tomba une pluie de crapauds et de reptiles. Cette pluie dura une demi-heure, assez pour que la terre en fût couverte. A cette vue, les savants pronostiquèrent toutes sortes de malheurs.

Le premier de ces malheurs fut l'arrivée d'une légion de sauterelles. On sait quel effroyable dégât fait une légion de sauterelles en Orient. On les entendait de loin comme on entendrait venir le vent. Un immense nuage noir accourait de l'ouest, suivant les sinuosités de la montagne et s'avançant rapide comme l'ouragan. En une seconde, on se trouva sous une voûte mouvante et obscure, qui, de place en place, se déchirait aux flèches des mosquées et laissait passer le jour. Elles venaient d'Afrique, suivant leur route de l'ouest à l'est; elles avaient traversé la mer Rouge et le Théama. Les plaines, les jardins et les montagnes de Sana en furent littéralement couverts.

Les sauterelles ont un chef qui les dirige, comme les grues, comme les oies sauvages, comme tous les animaux voyageurs. Les Arabes les mangent. C'est une petite compensation du tort qu'elles font. Ils ont plusieurs sauces où ils les accommodent. Les uns les font bouillir, les autres les font sécher au four, les autres les font sécher au soleil. On les vend sur les marchés, enfilées comme des chapelets de grenouilles. Il y en a de plusieurs espèces ; mais la plus estimée comme friandise se nomme *djérad-mukken*. Puis vient la sauterelle grasse, que l'on nomme *djérad-semân* ; la sauterelle maigre que l'on nomme *djérad-cheitan* ; enfin la sauterelle qui donne la colique et que l'on nomme *djérad-soûm*.

Les juifs les mangent aussi bien que les Arabes. Il n'y a pas que les Arabes et les juifs qui apprécient cette étrange manne. Il y a les singes, les cochons, les poules, et un oiseau noir un peu plus gros que le moineau. On nomme ce dernier *samarmar*. Il y a donc lutte entre ces différents appétits ; chacun y déploie son adresse et fait de son mieux. Les Arabes les ramassent dans des couffes et des sacs.

Aussitôt que la sauterelle a dévoré son champ, elle se remet en route. Les Arabes, en décrivant la sauterelle, ont l'habitude de dire qu'elle a la tête du cheval, la poitrine du lion, les pieds du chameau, le corps du serpent.

Au milieu de cette catastrophe publique, il m'arriva une catastrophe particulière. Sélim disparut.

Depuis notre arrivée à Sana, il m'avait fait le confident de plusieurs succès amoureux qu'il avait eus. Sélim était fort aventureux ; qu'était-il devenu ? Je l'ignorai pendant huit jours.

Le troisième jour, au comble de l'inquiétude, je m'adressai à l'imam lui-même, qui le fit chercher par sa police féminine. L'imam a une police de chaque sexe. C'était Mohammed qui était venu me prévenir de la disparition de son camarade. Malgré les recherches de l'imam, Sélim resta absent le quatrième, le cinquième, le sixième et le septième jour. Le huitième jour, il revint, mais dans un état déplorable ; huit jours de bagne et un mois de rhamadan l'eussent moins changé. Sélim me raconta son histoire. Elle est toujours la même.

Sélim avait été attiré dans un harem. Au moment où il allait y entrer, on lui avait bandé les yeux afin qu'il ne le reconnût pas, si par hasard il en sortait. La femme était fort belle et fort riche, et pendant trois ou quatre jours, Sélim avait été l'homme le plus heureux de la terre. Puis, cette longue claustration commençant à l'inquiéter, il demanda à sortir, les bons traitements disparurent ; il se plaignit, on le mit sous la garde de quatre nègres. Sélim n'était point facile à mener, il avait voulu se défendre, il avait été battu, garrotté et jeté dans un caveau très-malsain, où il s'était trouvé en compagnie de serpents, de scorpions, de tarentules et de cancrelats, s'attendant à être poignardé d'un moment à l'autre.

Il était resté là environ deux jours et deux nuits, pendant lesquels on oublia complétement de lui donner à manger et à boire. Le troisième jour (l'oreille de Sélim était devenue extrêmement fine), le troisième jour, il entendit des pas légers qui s'approchaient de la porte de son caveau ; puis on mit une clef dans la serrure, la clef grinça doucement, la porte s'ouvrit. C'était une négresse qui avait eu pitié de lui et venait le chercher.

Ma conviction personnelle fut que cet ange noir appartenait à la police de l'imam. Ce qui m'affermit dans cette conviction, c'est que la dame qui m'avait enlevé mon domestique était la nièce de l'imam, jeune veuve fort belle et fort riche. De peur qu'il ne m'arrivât malheur à moi-même si je bavardais, l'imam me raconta la chose en me nommant les masques et en m'invitant à garder le silence. Je recommandai à Sélim d'être plus circonspect à l'avenir. Mais je dois dire que Sélim n'avait pas besoin de ma recommandation.

Au bout de cinq ou six jours, il était complétement remis.

Cependant le temps s'écoulait chez l'imam comme chez Husseïn, comme chez les chérifs Abou-Taleb et Heïder. Il était évident que c'était à contre-cœur que l'on me laissait partir. J'avais revu l'iman plusieurs fois, et, chaque fois, la conversation avait roulé sur les mêmes questions politiques. Ces questions étaient la mauvaise foi d'Husseïn à son égard et les hostilités sans cesse renaissantes du mahadi. Il est vrai que l'imam faisait des préparatifs pour repousser l'un et s'emparer de l'autre.

Un matin, je fus réveillé par une émeute en faveur du mahadi. Mais l'émeute n'eut pas d'autre suite que de faire pendre une vingtaine d'émeutiers, parmi lesquels un cousin de l'imam. Ce mouvement l'affecta beaucoup. Il croyait pouvoir se fier à tous les membres de sa famille restant à Sana.

Il s'agissait de hâter les dispositions et d'opposer une sérieuse résistance. Son contingent fut augmenté, et tout ce qu'il avait de troupes fut divisé en trois corps : l'un, destiné à garder le pays, et deux corps mobiles qui devaient être occupés, l'un à battre le mahadi au sud, et l'autre à surveiller Husseïn le long du Théama. Le commandement de ces troupes fut donné à trois de ses frères. Il pouvait, après cet effort, avoir réuni de cinquante à soixante mille hommes. Il avait désiré avoir mon concours, j'avais refusé. Il avait voulu au moins avoir mes conseils. Je le suppliai de considérer quelle était ma position vis-à-vis de Husseïn, et de me dire lui-même si tout conseil contre lui ne serait point une trahison. L'imam commença par s'emporter, et finit par me frapper dans la main.

— Allons, dit-il, décidément tu as raison. Je comprends ta répugnance, et je n'insisterai plus. Cependant, si tu avais pu la surmonter, j'eusse pu t'offrir des avantages que personne ne t'eût offerts.

— Si quelque chose eût pu me décider, sidi, lui dis-je, ce sont les faveurs dont tu m'as comblé. Mais, de ces faveurs, je me souviendrai du moins toute ma vie. Quant à la destinée, tu sais qu'écrite là-haut avant la naissance de l'homme, rien ne peut la faire dévier de la route que lui a tracée la fatalité. Ma destinée est de voyager, d'aller de privations en privations, de dangers en dangers. Donne-moi congé. Que Dieu te garde, et que ma destinée s'accomplisse!

Mais, avec un homme comme l'imam, ce n'était pas le tout que d'avoir sa sympathie personnelle, il fallait encore avoir celle de son entourage. Ma conduite qui, à lui, avait paru franche et loyale, paraissait tortueuse à ses conseillers. Ils voulaient lui faire voir en moi un agent de Hussein, de Heïder et même du mahadi. Je m'aperçus du refroidissement de l'imam. Ce qui se passait à la cour de Sana n'était point nouveau pour moi; c'était ce qui s'était passé à la cour d'Abou-Arich; je retrouvais les mêmes influences extérieures; mais, je dois le dire aussi, la même bienveillance tenace de la part du prince. Enfin, il me fit venir.

— Décidément, me dit-il, tu veux donc me quitter?

— Oui, sidi; il y a plus d'un mois que je suis près de toi; le temps se passe, les heures du voyageur sont comptées, et je devrais déjà être dans le Mareb.

— Je n'ai pas besoin de te répéter pour la dixième fois que j'aimerais mieux que tu restasses près de moi.

Je le remerciai.

— Je voudrais rester, lui dis-je, mais juge toi-même; je veux gagner la mer des Indes en traversant le Mareb : j'ai tout le désert à franchir, et plus j'attendrai, plus le soleil sera chaud.

— Tu voyageras la nuit, les nuits sont fraîches. Mais la question n'est plus là. Mon intention n'a jamais été de mettre d'entraves à ta volonté; mon désir a été de te convaincre que tu avais une fortune à faire, une position à prendre, des amis à acquérir ici, et voilà tout. Maintenant, que puis-je faire pour toi?

— Pour moi, rien. Tu as fait plus que je ne pouvais attendre; je profiterai de la première caravane qui partira pour le Mareb. Tu me donneras un *teskérêt*.

Le teskérêt est le passe-port.

— Laisse-moi au moins te choisir tes compagnons de voyage et ton guide.

— J'accepte avec reconnaissance, répondis-je.

Il frappa dans ses mains.

— Qu'on aille me chercher le marchand Abou-Bekr-el-Doâni, dit-il. Il doit être au grand caravansérail.

Puis, se retournant vers moi :

— Pendant ce temps-là, causons; j'ai différentes choses à te demander.

Nous étions restés debout jusque-là. Nous nous accroupîmes.

— Tu t'occupes de médecine, et ce sera une excellente protection pour toi dans le désert. Tu as des médicaments européens.

— J'ai dans mes bagages une petite pharmacie.

— Veux-tu me la faire voir?

J'appelai Sélim et lui dis de m'apporter mon coffre à médicaments.

XIII

— Est-ce là l'homme à l'aventure? me demanda l'imam en regardant s'éloigner Sélim.

— Justement.

— Tu es sûr de lui?

— Comme de moi-même.

— Et de tes autres domestiques?

— Je n'en ai qu'un, et, s'il n'a pas le même courage et la même intelligence que Sélim, il a le même dévouement.

— Mais tu as aussi une négresse?

— Oui.

— Qu'en vas-tu faire dans un pareil voyage? Elle te gênera horriblement.

— En voyage, les soins d'une femme, quelle que soit sa couleur, sont préférables à ceux d'un homme. Puis elle est du Soudan, habituée à la chaleur; elle me sert depuis près de deux ans; elle sait d'avance ce que je désire sans que j'aie même besoin de le demander; elle n'est pas de nature à tenter par sa beauté les populations au milieu desquelles nous allons passer. Tout ira bien, je l'espère. D'ailleurs, si elle était fatiguée, je lui rendrais la liberté et la laisserais dans quelque ville.

— Pourquoi ne la vends-tu pas ici?

— Sidi, lui dis-je, nous autres Européens, nous achetons parfois des femmes, mais nous n'en vendons jamais.

— Mais puisque tu es musulman?

— Je suis attaché à Saïda, et craindrais qu'elle n'eût un mauvais maître.

Sur ces entrefaites, Sélim arriva avec ma pharmacie. Je l'ouvris. Puis nous passâmes la revue de chaque petite fiole, lui me demandant à quelle maladie elle pouvait servir, moi lui répondant tant bien que mal.

Au reste, les fioles étaient fort entamées, n'ayant point été renouvelées depuis Abou-Arich. Ce qui fixa surtout son attention, ce fut le sulfate de quinine, l'alcali volatil, le bicarbonate de soude allié à l'acide tartrique pour faire de la limonade, le sulfate de zinc pour les maux d'yeux, et le calomel pour la même cause; enfin l'émétique comme vomitif.

Il me demanda si je ne pouvais pas lui donner une parcelle de mon trésor.

— Partageons, lui dis-je ; à Mascate, ou plus loin même, je trouverai peut-être l'occasion de remplacer ce que je t'aurai donné.

Il fit apporter de petites fioles par un de ses esclaves, transvasa, dans l'une du quinine en poudre, dans l'autre de l'alcali, dans une troisième du sulfate de zinc, dans une quatrième de la poudre à eau de Seltz et à limonade, enfin dans une cinquième de l'émétique. L'imam fit de petites étiquettes où il écrivit de sa main le nom des médicaments, la manière de s'en servir, et les maladies auxquelles ils étaient propres.

On annonça Abou-Bekr-el-Doâni. C'était un marchand du pays de Doân, comme l'indiquait son nom, marchand colporteur de son état. Il faisait le commerce entre Sana et la ville de Doân, située à vingt-cinq ou vingt-huit journées à l'est de Sana. La route qu'il avait l'habitude de suivre traversait le Mareb, puis le désert. Comme ces sortes de voyages ne pouvaient se faire qu'en caravanes, ses voyages étaient périodiques, et il arrivait à Sana et en partait à des époques fixes qui, départ et retour, se renouvelaient quatre fois dans l'année. Sa caravane, dont il devenait le *réis* (capitaine), variait, comme importance, de deux à trois cents chameaux. Il va sans dire que ces chameaux, qui marchaient sous sa conduite, appartenaient aux marchands qu'il guidait.

L'imam eut avec lui une conférence.

— Voici un personnage de mes amis auquel je m'intéresse beaucoup, que je te recommande, lui dit-il. Il désire visiter ton pays; j'ai pensé que je ne pouvais le confier à de meilleures mains que les tiennes. Tu as l'habitude de venir chez moi, je te connais depuis longtemps, ta réputation est honnête.

— Sidi, répondit le marchand, je suis on ne peut plus honoré de ta confiance. Je prendrai soin de ton ami comme s'il était mon frère, et j'accepte vis-à-vis de toi toute la responsabilité de son voyage, qui sera très-fatigant et très-désagréable, et qui même présentera quelques dangers, mais dont, avec l'aide de Dieu, on se tirera bien.

— Avec l'aide de Dieu et des francs-maçons, ajouta l'imam.

Le réis se mit à rire.

— Ce Turc, dit-il en me désignant, n'est probablement pas venu de si loin sans les connaître.

— Est-ce vrai, cela, me demanda l'imam, et sais-tu ce que c'est que les francs-maçons?

— Oui, lui répondis-je, j'en ai beaucoup entendu parler en Europe, mais j'ignorais qu'ils existassent en Arabie. En Europe, ils ont un but moral. Quel but ont-ils ici?

— Le désordre, dit l'imam.

— Il y en a donc beaucoup dans le pays? lui demandai-je.

— Ne m'en parle pas! l'Yémen en est infesté et le désert en est sillonné.

— Comment! le désert est donc peuplé en Arabie?

— Oh! oui, très-peuplé, plein d'oasis, plein de grandes villes habitées par des coquins qui n'ont ni foi ni loi, et qui s'attaquent à tout le monde, excepté à leurs frères les francs-maçons. Tu dois être francmaçon, toi, dit-il en s'adressant au réis.

Le réis se défendit avec vigueur.

— C'est bien, c'est bien ; tu nies, mais je sais que tu l'es. Il te serait impossible autrement d'avoir fait tous les voyages que tu as effectués déjà. Mais vous ne rencontrerez pas que des francs-maçons dans le pays de Dsjof : vous rencontrerez les Arabes errants et guerriers, très-hostiles aux musulmans, les païens qu'ils sont! Dans l'Hadramont, vous trouverez les tribus pillardes, et dans le pays de Nehhm mes ennemis à moi.

— Nous rencontrerons tous ces gens-là, c'est vrai, sidi ; mais, parmi eux tous, j'ai, moi, comme marchand humble et inoffensif, de nombreux amis, et tout indépendantes, guerrières et pillardes que sont ces populations, il y a toujours moyen de s'entendre avec elles. Leurs besoins les forcent à se procurer le nécessaire dont manque leur pays, et c'est ce qui les pousse à dépouiller le voyageur et même à l'assassiner quand il résiste. Mais quand le voyageur a l'intelligence d'aller au devant d'elles en leur proposant la paix et en leur faisant un cadeau en harmonie avec son importance ou avec la valeur de ses marchandises, non-seulement les tribus le laissent passer, mais encore elles le prennent sous leur protection et lui donnent des guides en se le recommandant les unes aux autres. Ce point convenu, c'est au voyageur à ne pas blesser les susceptibilités de ceux avec lesquels il vit.

— Et quelles sont ces susceptibilités? demanda l'imam.

— Il ne doit ni dessiner, ni prendre de notes, ni chercher à pénétrer dans les endroits défendus. Je dis cela pour ton ami, qui m'a tout l'air d'être un savant, et, en sa qualité de savant, d'être en même temps un curieux. Chez nous, il faut voir sans regarder et entendre sans écouter.

— Mais, dit l'imam, en payant le double, ne peut-on pas prendre des notes et dessiner?

— Non, il ne faut pas même essayer. Celui qui ferait cela, non-seulement je ne pourrais pas le protéger, mais moi-même j'y perdrais toute protection.

— Oh! sois parfaitement tranquille, interrompis-je. Seulement, on me permettra bien, je l'espère, de recueillir quelques plantes.

— Quant à des plantes, des charges de chameaux si tu veux. Tu trouveras du hachich et du derin à foison, et puis des nabacks.

— Maintenant, tu l'as dit tout à l'heure à propos des Arabes, toute peine mérite salaire. Que demandes-tu pour conduire le hadji?

— Jusqu'où, sidi? Jusqu'à Doân?

L'imam se retourna de mon côté.

— Vas-tu jusqu'à Doân? me demanda-t-il.

— C'est possible, quoique ce soit bien loin, mais j'irai certainement jusqu'à Mareb.

— Mais, dit le réis, Mareb n'est qu'à cinq ou six journées de Sana, et, recommandé par toi, je n'ai pas, pour un si petit service, de salaire à demander.

L'imam, habitué à tout faire faire pour rien, allait reconnaître la justesse de ce raisonnement, mais j'insistai.

— Eh bien! puisque tu insistes, dit Abou-Bekr, une fois à Mareb, tu me donneras ce que tu voudras.

— Non pas, dis-je, je veux faire avec toi un marché écrit.

— Tu te défies donc de moi?

— Pas le moins du monde; mais, comme il peut m'arriver un accident, il vaut mieux prendre ses précautions. D'ailleurs, je ne suis pas seul.

— Comment, tu n'es pas seul?

— Non, j'ai deux domestiques mâles et une négresse.

— De combien de chameaux se compose ta suite?

— De quatre chameaux.

— Tu n'as pas de cheval ni de mule?

— Je ne crois pas que ces animaux soient convenables pour traverser le désert.

— Dois-je te fournir les chameaux, ou les as-tu?

— Je n'en ai plus, les miens sont morts; mais j'en achèterai.

En effet, mes chameaux étaient morts de fatigue depuis leur arrivée à Sana.

— Je donne les chameaux, dit l'imam.

Le réis secoua la tête.

— Tu n'en veux pas? dit l'imam.

— Non, répondit le réis; tes chameaux sont trop bien nourris; ce sont des chameaux pour la ville; ils crient quand on les charge et compromettent le salut des caravanes.

— Je t'achèterai les chameaux, alors, dit l'imam; tu fourniras au hadji les quatre meilleurs que tu pourras trouver.

Le réis fit la grimace. Il aimait mieux m'avoir pour débiteur que l'imam. L'imam remarqua le mouvement et me regarda en riant.

— Ces coquins de Bédouins, me dit-il, ils n'ont pa

confiance en nous. Il est vrai que nous leur rendons bien la pareille. Voyons, combien veux-tu pour les quatre chameaux?

— Cinq cents talaris.

— Ta protection comprise?

— Non; si tu veux me payer ma protection, il faut me la payer ce qu'elle vaut.

— Mais, malheureux! dit l'imam, tes chameaux sont trop chers. Je vais envoyer un de mes esclaves au marché, et, pour cinquante ou soixante talaris, il m'achètera des chameaux qui vaudront les tiens.

Le réis secoua de nouveau la tête.

— Les miens, dit-il, sont des chameaux qui ont déjà fait huit ou dix fois la route; ils connaissent le chemin, ils savent les haltes, ils trouvent les citernes, ils flairent le danger. Nos chameaux valent le double des autres chameaux, sans compter qu'ils vont plus vite, et sauvent au besoin leur cavalier.

— Eh bien! dit l'imam, c'est convenu, je vais te donner quatre cents talaris pour tes quatre chameaux.

Le réis m'interrogea du regard. Je lui fis signe d'accepter.

— Eh bien ! soit, dit-il ; va pour quatre cents talaris.

C'était largement cent talaris de trop que le brave réis se résignait à recevoir. L'imam appela son khasnadar et lui donna ordre de compter devant moi les quatre cents talaris. Les quatre cents talaris furent comptés à l'instant même devant moi, et contre un reçu qu'il me remit. Le réis empocha son argent, après l'avoir compté pièce à pièce et avoir bien examiné si les douros n'étaient pas rognés ou troués, et si sur les couronnes de Marie-Thérèse se trouvaient bien exactement les petits points voulus. Il en trouva une douzaine qui étaient, à son avis, dans des conditions défectueuses et qu'il rendit à l'imam. Celui-ci les examina à son tour, discuta leur valeur, et insista pour les lui faire prendre

— Pour toi, dit-il à l'imam, ils valent le prix que tu leur attribues ; mais, pour moi, ils ne valent rien du tout.

L'imam lui en fit donner d'autres. Puis, appelant

son fakih, il lui ordonna d'écrire le marché de protection. Le réis était fort blessé de toutes ces précautions.

— Tu me prends donc pour un homme de mauvaise foi? Puisque je réponds sur ma tête de ton ami, il ne lui arrivera pas malheur.

— Oui; mais s'il lui arrivait malheur, où irais-je te chercher?

— Et quelle sécurité de plus te donnera ma promesse?

— Ta signature, en ce cas, sera envoyée dans ton pays, et prouvera à tes compatriotes que tu es un gredin.

Alors le chérif dicta au fakih. Nous faisons toujours grâce des préliminaires.

« Le soussigné, Hadji-Abd'el-Hamid, déclare avoir l'intention de se rendre de Sana à Mareb, avec faculté, s'il lui convient, de se rendre de cette ville à Doân, et accepter pour guide et protecteur le nommé Abou-Bekr-el-Doâni, auquel il promet de se conformer aux usages des pays qu'il doit parcourir.

Cette protection d'Abou-Bekr-el-Doâni lui sera accordée moyennant une somme de dix talaris... »

Abou-Bekr interrompit l'imam au milieu de sa dictée.

— Dix talaris, dit-il, ce n'est pas raisonnable pour un homme que l'imam de Sana appelle son ami.

— Aimes-tu mieux que je t'appelle mon ennemi? dit l'imam.

— Pourquoi ne laisses-tu pas ton ami faire directement ses affaires, sidi?

— Oui, cela ferait mieux les tiennes, n'est-ce pas?

Et l'imam répéta:

« Dix talaris. »

— Mais au moins, dit l'Arabe, tu me donneras un cafetan?

L'imam, habitué à faire des cadeaux impromptus, a toujours des cafetans confectionnés, tout prêts et à tous prix.

— Soit, dit-il tu auras ton cafetan...

Et il continua:

« De dix talaris. »

On ajouta la date du jour, du mois et de l'année. Puis je mis mon cachet, l'imam apposa le sien, et celui du fakih qui avait écrit le sous seing privé vint en troisième. Ce fut le tour du réis de donner son adhésion. Elle était la contre-partie de la mienne. Comme il ne savait pas lire, on la lui lut à haute voix. Mais quand il eut écouté la lecture :

— Attends, sidi, fit-il.

Et il sortit.

— Tu vois, me dit l'imam, le drôle ne se fie pas à nous ; il est allé chercher un de ses compagnons qui sache lire.

Et, en effet, cinq minutes après, Abou-Bekr-el-Doâni revenait avec son correspondant. Ni l'un ni l'autre ne paraissaient le moins du monde embarrassés de leur défiance. Abou-Bekr fit lire à son correspondant les deux sous seings privés, pour savoir si le mien était bien conforme au sien. Seulement, une chose le blessa : c'est qu'il y avait dans le sous seing privé les mots : *Protection accordée moyennant dix talaris.*

— Les Arabes se font payer comme guides, dit-il, mais non pas comme protecteurs; on mettra donc sur le teskérêt que je recevrai dix talaris comme guide, mais que je protégerai pour rien.

Après une discussion qui dura plus de dix minutes, on fut obligé de changer la rédaction et de faire comme voulait Abou-Bekr. En conséquence, les cachets furent mis, le correspondant fut obligé de mettre le sien, ce qu'il fit de la meilleure grâce du monde, et il fut convenu que nous partirions dans la huitaine. L'imam fit remettre son cafetan au réis. Il était de drap noir.

— Je te remercie, dit-il à l'imam ; mais comme il n'y a que les chrétiens et les juifs qui portent des cafetans noirs, en entrant à Doân on dirait que j'ai abjuré, et les femmes et les enfants me lapideraient.

L'imam se mit à rire et lui fit donner un cafetan vert ; c'était la couleur du prophète. Abou-Bekr n'avait plus rien à dire ; seulement, il l'eût préféré rouge. Mais comme Abou-Bekr n'était ni général ni ministre, l'imam ne jugea point à propos de lui accorder cette distinction.

A peine rentré chez moi, je reçus une nouvelle ambassade de l'imam. Il m'envoyait mes provisions de route, café, sucre, confitures, farine, etc. etc. ; plus cent bourses, c'est-à-dire environ deux mille cinq cents francs. Ces bourses sont de petits sacs de toile cachetés et scellés du cachet du trésor.

Au nombre des cadeaux étaient cinq ou six bouteilles de vinaigre. L'imam y avait joint l'objet de l'ambition de tous les Arabes, c'est-à-dire un fort beau cafetan rouge brodé d'or, et plusieurs pièces de nankin et de mousseline ; enfin un très-beau dromadaire coureur, tout caparaçonné, lequel, au dire du nègre qui l'amenait, pouvait faire vingt lieues d'une seule traite et en moins de cinq heures.

C'était un très-beau cadeau, et qui me mit dans un très-grand embarras. Je n'avais rien fait pour l'imam, et ne savais de mon côté que lui offrir. D'ailleurs, n'avait-il pas de tout en abondance ? J'avais, moi, une magnifique montre à répétition ; de plus, il me restait une petite musique de Genève ; j'avais encore de beaux fusils à deux coups, et une carte géographique en arabe. Je pris ma montre, ma boîte à musique, mon plus beau fusil, mon atlas, et j'envoyai le tout par Sélim à l'imam. J'y joignis trois ou quatre boîtes d'*afrits* (capsules), attendu qu'on ne trouve les capsules au sud qu'à Aden, et au nord qu'au Caire.

Il me renvoya mon fusil, en me remerciant et en me demandant une lancette. Je m'empressai de lui envoyer un étui où il y en avait six. Par malheur, il ne savait pas s'en servir. Il m'envoya chercher le lendemain.

— Hadji, me dit-il, tu m'avais envoyé un fusil qui peut l'être, à toi voyageur, bien plus utile qu'à moi qui ai des fusils de toute espèce. Je t'ai fait demander une lancette, tu m'en as envoyé six ; maintenant je voudrais connaître la manière de m'en servir.

— Fais venir quelqu'un, sidi, lui dis-je, et je te montrerai comment il faut s'y prendre.

— Non, dit-il, essaye l'instrument sur moi-même.

— Comment, lui demandai-je, tu veux que je te saigne?

— Oui, si tu veux.

— Tu n'es point malade, pourquoi te saigner? Cela peut te faire mal.

— Ne me saigne pas alors, mais montre-moi comment on saigne.

J'avais toujours sur moi mon ruban rouge à ligature, je lui serrai le bras, et, les veines gonflées, je lui montrai les trois veines principales que l'on peut attaquer sans danger.

Quant à la montre, il en était enchanté; seulement, comme il y avait un ressort pour arrêter la sonnerie et que le ressort était fermé, il n'avait pas pu faire agir le timbre. Je lui montrai comment on faisait manœuvrer le ressort, placé pour empêcher la montre, dans un faux mouvement, de sonner toute seule, comme on désarme un pistolet pour l'empêcher de partir.

Après la montre et même avant la montre, la musique fut ce qui lui fit le plus de plaisir. Je lui monquai aussi la façon de la remonter et lui fis jouer ses trois airs. Il appela alors tout son monde, et l'expérience se renouvela devant un auditoire d'une vingtaine de personnes. Après s'être bien amusé avec la musique, il la donna à l'un de ses esclaves pour la porter dans son harem. Il ne me restait plus qu'à le remercier de toutes ses bontés, qui, d'après ma position près de Husseïn, dépassaient en réalité tout ce que j'avais espéré de lui.

— A propos, me dit-il, tu sais que le mahadi vient de faire de nouvelles excursions dans les montagnes d'Amrân. Mes troupes sont parties, et, si tu restais encore huit jours seulement, j'aurais probablement des nouvelles à te donner. Il faut que le bandit ait des ailes. Quand je le crois à l'ouest, il est à l'est. Je finis par croire qu'il est vraiment sorcier et qu'il se dédouble. De son côté, le chérif Husseïn me menace. On vient d'arrêter un espion porteur de lettres de lui et de mon neveu. Ces lettres étaient adressées au mahadi, et prouvent qu'ils faisaient cause commune ensemble. Il est clair, d'après ces lettres, que d'ici à un mois nous serons en guerre avec Husseïn. Pendant que le mahadi m'attaquera par le sud, lui m'attaquera sur trois points, par l'ouest, le nord et l'est.

L'imam me faisait toutes ces confidences à voix basse. D'ailleurs, tous les assistants, voyant qu'il avait à me parler, s'étaient retirés à l'écart. Je n'avais rien à répondre à tous ces projets du mahadi et d'Husseïn. Seulement, ils redoublaient mon désir de partir le plus tôt possible. Voyant que je me contentais de m'incliner à toutes ces ouvertures, il comprit mon embarras, et changeant de conversation :

— Décidément, me demanda-t-il, quel jour pars-tu ?

— Samedi, après la prière du soir.

— Tu as donc revu Abou-Bekr ?

— Il est venu ce matin me dire de me tenir prêt, et je le suis.

— C'est bien. Demain viens prendre ton passeport.

Ce n'était qu'un moyen de me faire, le lendemain, de nouvelles confidences. Au moment où il venait de me donner mon teskéret, et où j'allais définitivement prendre congé de lui, un messager arriva.

Un des frères de l'imam en était venu aux mains avec le mahadi. Après une lutte acharnée, les troupes du mahadi s'étaient repliées, en laissant beaucoup de morts, mais en tuant aussi beaucoup de monde. On poursuivait le mahadi dans les montagnes. Je n'eus pas le courage de souhaiter à l'imam un heureux succès. Le mahadi, tout faux prophète et imposteur qu'il était, m'avait paru ce qu'il était en réalité, c'est-à-dire un homme supérieur.

Le jour du départ arriva. L'imam, pour me faire honneur, voulut que quelques membres de sa famille me donnassent la conduite jusqu'à un quart de lieue de la ville. Je lui fis observer que ce serait m'honorer, aux yeux de mes compagnons de voyage, plus que je ne méritais. Je ne craignais rien tant que de paraître un grand personnage au moment de partir pour le désert. Il comprit mes observations.

— Cependant, me dit-il, avant de nous quitter, nous devons partager ensemble le pain et le sel.

Il frappa dans ses mains, et ses esclaves apportèrent une petite collation composée de viandes, et particulièrement de fruits, de crème et de confitures. Tout cela était propre et élégant comme je n'avais encore rien vu dans l'Yémen. Le repas terminé et le café pris, nous nous embrassâmes à la manière arabe. Il récita le *fatha* qui me recommandait à Dieu et me souhaita toutes sortes de prospérités. Sa dernière parole fut pour me prier de lui écrire aussitôt mon arrivée à Mareb et pour m'inviter à me défier des francs-maçons du désert. Ses fils et ses frères, qui avaient fait collation avec nous, m'accompagnèrent jusqu'au dehors de la maison. Je les quittai à l'entrée de la ville.

Chez moi, je trouvai toutes mes connaissances de Sana, et entre autres le vizir, qui m'attendaient pour me demander les mêmes médicaments que j'avais donnés à l'imam. Ma réponse fut bien simple : j'avais tout donné à l'imam.

Vers le soir, le réis revint me trouver. Il m'annonçait qu'à huit heures ses chameaux seraient à ma porte. L'imam l'avait fait venir de nouveau, et, d'une manière toute particulière, m'avait encore recommandé à lui.

A huit heures et demie, les chameaux étaient chargés. A neuf heures, nous sortions de la ville par la porte de Saba. Le gros de la caravane, se composant de deux cents chameaux, nous y attendait.

On échangea les adieux, au milieu des coups de fusil des hommes et des lamentations des femmes, et l'on se mit en route sur une seule file, dans la direction de Roâda.

Quatre jours après, nous quittions l'Arabie Heureuse à Kasser-el-Nâd, et, le même jour, appuyant à l'est, nous entrions dans le désert.

FIN DU TROISIÈME ET DERNIER VOLUME

TABLE

I.	1
II.	28
III.	55
IV.	82
V.	108
VI.	132
VII.	159
VIII.	170
IX.	196
X.	222
XI.	246
XII.	271
XIII.	284
XIV.	296

FIN DE LA TABLE DU DEUXIÈME VOLUME.

ÉMILE COLIN. — IMPRIMERIE DE LAGNY.

www.ingramcontent.com/pod-product-compliance
Lightning Source LLC
Chambersburg PA
CBHW071335150426
43191CB00007B/745